微歷史

江輝◎著

自序

東漢末年，皇權軟弱，朝臣跋扈，黃巾亂起，烽火連天。

命運多舛的漢獻帝，以九歲的年幼之態即位，先後見識到到董卓的霸道，受到曹操父子的挾制，事事仰人鼻息，處處受制於人，成了名副其實的魁儡皇帝。

曹操死後，其子曹丕逼迫獻帝禪讓帝位，東漢亡，曹丕建立了魏國，稱文帝，定都洛陽。

次年，劉備就以自己正宗漢室宗親的身份稱帝，並以「漢賊不兩立」為口號，建立了蜀漢。

與此同時，孫權父子也在群雄割據中打下江東基業，佔有一席之地。孫權十几歲時，孫策遭刺殺身亡。西元229年，孫權稱帝，建立東吳。

西元208年赤壁之戰後，三國鼎立正式成型。

三國時期人才輩出，《三國志》作者陳壽曾任職於蜀漢，蜀漢滅亡之後，陳壽被徵入洛陽，在西晉也擔任了著作郎的職務，開始編寫三國時代的斷代史——《三國志》。陳壽是晉代朝臣，晉承魏而得天下，所以《三國志》尊魏為正統。

而後，元人羅貫中以三國歷史為藍本，收集了自古以來關於東漢末年至三國時期的民間故事、詩詞與文學著作，編寫長篇歷史小說《三國演義》，成為中國四大名著之一。

小說《三國演義》裡，人物形象飽滿，情節鮮明生動，深植人心，成為戲劇和民間藝術及文學的常見話題。其豐富多采的歷史內涵也流傳到亞洲及世界各地，受到廣大歡迎，其受到關注的程度，遠遠超過了陳壽的三國志。

《三國演義》中，著名人物及事件更經常成為電視、電影的題材。如：草船借箭、劉備招親、三顧茅廬、赤壁之戰、青梅煮酒……等，至今仍為人所津津樂道。

正所謂亂世出英雄，在烽火紛亂之下，一個個英雄豪傑乘勢而起，在競爭激烈的舞台上，留下一抹歷史的印記，讓後人神往不已。

三國，是一段撲朔迷離的歷史，充滿了引人入勝的故事，爾虞我詐，明爭暗鬥，文才武將，磅礴戰場，亂世左右，數不盡的兒女情長。

談到三國這段歷史，更是充滿了各路相異的觀點評價，傳說故事夾雜，正野史穿插，歷史上的成敗得失，是非真假，眾說紛紜，後人只能如同霧裡看花，丈二金剛摸不著腦袋。

其實許多歷史事件跟人物都有不只一種形象，有史學家主張的「歷史形象」；有小說和藝術作品中的「文學形象」；還有一種老百姓心中的「民間形象」，這種力量也是很強大的，像是台灣的民眾就特別尊崇關羽，奉為關聖帝君，供俸的香火絡繹不絕，大約是其忠義的形象深植民心，符合吾人心中對聖賢之標準。

我相信，歷史並沒有所謂絕對客觀的真實，即使把這些歷史人物從墳墓裡挖起來，諸葛亮與劉備也不會再次重現相遇的那一刻，也不會有第二次的「桃園三結義」、「赤壁之戰」、「溫酒斬華雄」……。

「真實」曾經存在過，但已經隨著時間消失了。

每個人心中的三國人物，都有不同的面貌跟樣子，他們活在每個人的心中，持續散發著光和熱，這才是歷史之所以有趣，以及值得玩味之處。

在這本書裡，我精選了 100 個關於三國時期的故事，希望透過這些具代表性的精彩故事，來講述三國時代的那些人和那些事，帶各位體驗中國史上最波瀾壯闊的年代，喚起讀者對三國時代的領悟與追求，並從中咀嚼出歷史的樂趣與真味。

希望各位會喜歡這本書。

《三國志》，是由西晉陳壽所著的史書，記載了從東漢末年的黃巾之亂開始，到西晉統一三國為止，共九十多年的史實。它是三國時代的斷代史，同時也名列中國二十四史中，評價最高的「前四史」之一。

即便《三國志》得到了如此高的評價，深植於吾人心中的三國人物形象，其實還是源自於元人羅貫中所著的章回小說——《三國演義》。

羅貫中以《三國志》的正史材料為基礎，加上流傳在民間的傳說、話本、戲曲等元素，完成《三國演義》這部對後世有強大影響力的通俗作品。

《三國演義》受到世人普遍的喜愛，其戲劇性也使它成為藝術家們垂青的對象，廣泛被改編成戲劇、電玩、漫畫、小說等藝術作品，並深深影響著我們的文化。

《三國演義》裡描寫的歷史事件和人物，大都是真實的。但其中也有不少內容添加了誇大的傳奇和藝術色彩，也就是所謂的「七實三虛」。

小說與正史記述的不同，這使得人們對一些三國人物的印象和評價產生差異。

你會發現《三國志》中記載的史料，到了《三國演義》中，卻常常「亂了套」，「變了調」，不是換了主角，就是把他人的功勞貼到另一人臉上，或者把某人幹的壞事栽贓到大白臉的頭上，這類例子不勝其數。

例如：上演「空城計」的，其實是曹操；「草船借箭」的不是諸葛亮，而是孫權；史書裡有勇有謀的魯肅，在小說中成為了一個甘草人物；而陳壽評價為「人傑」的曹操，在《三國演義》揚蜀貶魏的中心思想下，變成了一個老謀深算的陰險反派；還有，被羅貫中「中傷」最深的周瑜，這位三國時

期的名將，一生戰果輝煌，為人豁達，有容人之雅量，度量不下於笑口常開的彌勒佛，但在羅貫中筆下，一碰到諸葛亮，周瑜的一切就走樣了，不僅成了「火燒赤壁」的配角，最後還被孔明活活「氣死」。

這類「錯置」的例子不勝枚舉。固然，文學作品本來就是虛實參半，才能展現其藝術性與趣味性，而大眾對三國歷史的熟悉與喜愛，也不能不歸功於《三國演義》的通俗文化力，但也因為如此，西晉史學家陳壽嘔心瀝血編纂的正史《三國志》，反倒完全被小說掩蓋住了光芒，這倒是有些可惜了。

其實，羅貫中在《三國演義》中引用了近六十五％的《三國志》史料，可以說，是《三國志》成就了《三國演義》。

換句話說，如果你想更全面地瞭解三國的歷史，其實也離不開《三國志》。

基於此，本書從《三國志》中，選取了100個極具代表性的故事，希望能夠更真切地「還原」三國時代的歷史。

親愛的讀者，您不妨將本書當作一部平衡報導，細細品味，本書裡的敘事，跟你印象中的三國有甚麼不同？您又比較喜歡哪個面向呢？

對於三國歷史愛好者來說，這是一本比《三國演義》真實、比《三國志》通俗的史學故事書，而對於普通讀者來說，這也是一本輕鬆讀三國的普及讀物。

讀後你會發現，三國的歷史，原來可以這樣讀。

┃目錄

第二章 紅顏篇：被亂世左右的兒女情長

第三章 計謀篇：說不盡的爾虞我詐

第四章 戰役篇：烽火連年戰不休

第五章 事件篇：看豪傑亂世博弈

第一章 英雄篇

文治與武功的交響曲

搶地盤靠「作秀」
——劉備智取益州

　　早在東漢末年，已有曹操、袁紹等勢力爭霸天下，劉備這個遠房皇親還只能靠編草鞋為生。可劉備並不安分自己的生活，即使流落草野，他還是要動輒以皇叔自居。

　　此時被曹操軟禁的漢獻帝雖然沒有政治自由，但查找宗譜總還是有自主權的，結果證實了劉備的皇親身分。原來，劉備是景帝之子中山靖王劉勝後代，因其父劉弘早逝，這才讓他流落民間。

　　既然劉備這個皇叔得到了政府核心領導的認可，劉備再不賣力吆喝一下就有點說不過去了。

　　劉備心裡對皇叔這個身分始終在意，天下以劉氏為首，此時皇權衰弱，劉備自然不甘心在亂世中碌碌終生。於是，他開始集結自己的力量，可此時的地方軍閥很多，力量微弱的劉備只得東奔西走，到處依附他人。

　　多年來，劉備輾轉做過徐州牧，也投奔過曹操，又結拜了關羽、張飛

【蜀主劉備】

兩員武將，還找來了諸葛亮做自己的軍師，事業總算有些起色。

此時，羽翼漸豐的劉備已經初步形成勢力，可是還少了一個重要的根據地。為了搶占地盤，劉備將目光投向了益州的劉璋。

提起劉璋的名字，即使對此人並不熟悉，也能知道劉璋和劉備屬於同族親戚。劉備沒有實力攻占別人的地盤，只好從自己宗族下手，這就發揮了劉備早期玩樂交友的本領了，沒有一副好口才自然是不行的。

適逢曹操二次率軍攻打孫權，此時孫權早就和劉備結了親，曹、孫開戰，劉備自然不能坐視不理。可有袁紹落敗的下場在先，自知實力不濟的劉備自然不敢輕舉妄動，但又不能告訴孫權實情。於是，劉備一邊假意應允幫助孫權，一邊寫信給益州的劉璋。

至於信的內容，不外乎是表示自己對孫權愛莫能助的心情，以及陳述若曹操將孫權的荊州攻下之後，益州自然也難以保存。

劉備分析了一大串利害關係，末了轉到了正題：他想從劉璋手裡借兵和糧草。

同是漢室宗室，劉備向劉璋求助自然沒有過錯，但劉璋也有自己的考慮：萬一給了劉備士兵和糧草以後，劉備不按原計劃所說的救援荊州，轉而攻打自己的益州，那豈不是自掘墳墓？

劉璋有這層顧慮並不是沒有道理，這個時候的劉備早已不是四處流落的小角色了，他的勢力逐漸壯大，野心也越來越難以滿足，不能不防。

不過，劉璋雖對劉備借兵的理由保持懷疑態度，可到底仁厚，最終還是撥出了四千人以及相應的糧草資助劉備。

這邊曹操和孫權打成了一團，而剛借到兵馬的劉備卻率領著益州軍駐兵在益州城外，準備攻打劉璋了。

劉璋和劉備的益州之戰一觸即發，可當劉璋的部下向劉璋獻計撤退前線

百姓，燒光供應糧草，逼劉備斷糧逃跑的計策時，劉璋卻不忍心因為戰爭害得百姓流離失所。

錯過了最好機會的劉璋自此陷入苦戰。

西元 213 年，曹操從荊州戰場撤退，劉璋的死對頭馬超又歸順劉備，在漫長的保衛戰中，劉璋再也不願意繼續消耗下去了。雖然此時劉璋的益州城內仍有富足的糧食，以及精銳的兵馬，可劉璋卻說：「我父子在益州二十多年，沒有給百姓施加恩德，卻打了三年仗，讓許多人死在草莽野外，全是因為我的緣故。我怎麼能夠安心！」於是，劉璋下令開城門，出城投降劉備。

就這樣，劉備奪得了益州，有了自己的地盤，也為日後三國鼎立奠定了基礎。

而對於那位愛民如子的劉璋，劉備仍然將財物歸還予他，並將劉璋遷至公安，授予振威將軍之職。

小提示

清朝作家蔡東藩曾說：「劉璋暗弱，即使不迎劉備，亦未必常能守成；益州不為備有，亦必為曹操所取耳。」雖然劉璋對百姓仁慈寬厚，但在亂世想要居安益州也並不是件容易的事。可見劉璋的失敗是必然的，也是值得惋惜的。不過，劉備在奪取益州的「先計策後軍事」，也凸顯了他的文韜武略。

自由全靠演技
——曹操其實很憤青

說到曹操的家世，可能有點複雜，但他畢竟也是生在富貴的環境，且又和政治中心有一定的關係，所以年少的曹操做點什麼荒謬的事情也不必太奇怪。畢竟他的爺爺只是一名太監，他的父親也不過是不知生身父母的養子。

但曹家在漢室傾頹的亂世裡到底還是站穩了腳，憑著曹操爺爺曹騰立下的功勞，曹操的父親曹嵩自然而然地打入了政治核心。

誰知道，祖孫三代偏偏到了曹操反而開始不務正業。曹嵩原本是老來得子，偌大的家業好不容易有了繼承人，自然千寵萬寵地護著曹操。可曹操仗著自己吃喝不愁，竟然學起了江湖行俠仗義那一套。既然要過江湖生活，自然也少不了「飛鷹走狗」一類的朋友，可見曹操幼年也是個十足的古惑仔。

孩子頑皮在所難免，可曹操頑皮的程度著實有些過分。居然趁著大家不注意，偷偷溜

【中國傳統戲曲裡，曹操的奸雄形象。】

進大宦官張讓的臥室裡，偷看太監的私生活，被張讓抓到以後，不僅不求饒，反而在眾目睽睽下翻牆逃跑。

既然曹操頑劣，必然有對他看不過去的人，而對曹操意見最大的人恰好是曹操的叔父。於是，每次曹操在外面做了壞事，他的叔父都會及時找到曹嵩添油加醋地告上一狀。久而久之，曹嵩對曹操也就不再像從前那般寵愛，還限制了曹操的行動。

年少貪玩的曹操被束縛了自由，猶如被關進大牢，這下他必須要為自己重獲自由想想辦法了。

不久，曹操在半路上碰到他的叔叔，早就蓄謀已久的曹操直接躺在地上做出口眼歪斜、四肢抽搐的動作，這下可把他的叔叔嚇壞了。想來年紀輕輕的曹操演技也夠高的，竟然能把一個見過世面的成年人騙得團團轉。

曹操的叔叔雖然愛打小報告，可說到底也是一個老實人，對曹操也很疼愛，眼見自己的侄子倒在地上發羊癲瘋，想也沒想就跑去告訴曹嵩。曹嵩本來還覺得奇怪，自己的兒子好端端地怎麼會發羊癲瘋，可看到弟弟著急的樣子，曹嵩也跟著著急起來，當即拋下手邊的政務隨弟弟趕往曹操發病的地方。

令人意想不到的是，當曹嵩趕到，竟看到曹操正端坐著看書呢。

不明所以的曹嵩看著好端端的曹操，問道：「你叔叔說你正犯羊癲瘋，抽搐得不省人事，怎麼現在你一點事都沒有。」

曹嵩不問還好，這下曹操立刻哭了出來，一邊哭一邊對曹嵩說：「父親，我哪裡得過羊癲瘋，只是叔叔看我不順眼，才會跟您這樣說，沒想到您竟然相信了。」眼見曹操聲淚俱下，曹嵩的心裡很不是滋味，聯想到先前多次聽了弟弟的話而誤會兒子，曹嵩更是心如刀割。

就這樣，曹操又重新獲得父親的信任，而當曹操在外面做了壞事闖了禍，他的叔叔跑到曹嵩面前告狀的時候，曹嵩再也不相信了。

曹操就憑著一套好演技，輕易獲得了父親的信任。

小提示

> 　　曹操雖然年幼頑劣，可卻有個人對他很看好，這人正是喬玄。當時喬玄擔任太尉一職，看到曹操以後，說道：「天下將亂，非命世之才不能濟也，能安之者，其在君乎！」喬玄明確指示曹操是救世英雄，而後來曹操的作為也並沒有令喬玄失望。

故事 3　美酒雖好，可不能貪杯
——孫權嗜酒如命

　　雖然孫權曾經獲得過「生子當如孫仲謀」的誇讚，但他卻是個十足的酒鬼，並且不止一次喝酒誤事。好在他身邊的大臣們清醒，這才沒釀出悲劇。

　　要說孫權喝酒闖禍，最嚴重的一次是差點把張昭給殺了。

　　張昭何許人也？孫權的老師是也，又是託孤大臣。試想以張昭的身分和地位，東吳的文武官員哪個對張昭不是恭敬萬分，可孫權卻要殺了張昭，這可嚇壞了朝中眾臣。

【 吳主孫權 】

　　當然，孫權要殺張昭也並不是無緣無故。

　　這天，孫權喝酒喝得很開心，突然傳來遼東公孫淵請求歸順的消息，酒精的刺激下往往容易令人喪失判斷，孫權也不例外。聽到公孫淵前來歸順，孫權竟然想都沒想就封公孫淵為燕王，還一併賜予了許多金銀珠寶。

　　此時，孫權雖然不夠清醒，可公孫淵到底是否誠心，其他人卻是明明白白，但誰又敢頂撞孫權，指出他的錯誤呢？批評孫權這件事其他人不敢，可張昭這個帝王師沒什麼好顧忌

的，於是直接指出公孫淵假降的事實。

孫權詔令都已經下了，可張昭卻堅持要求孫權撤回封賞公孫淵的命令。

孫權越是不聽，張昭越是勸，並且仗著自己是託孤大臣，語氣也重了許多。孫權一下子火了，拔出寶劍斥責道：「為什麼你總是跟我過不去？」

張昭做夢也沒想到孫權會對自己拔劍相向，但他卻沒有示弱，而是繼續堅持道：「無論你聽不聽我的諫言，我都必須盡職盡責！因為我是太后遺詔的顧命大臣！」這話充分表明了自己的地位和職責，說得孫權心也軟了，兩個人的爭執總算過去了。

可是張昭離開之後，孫權還是把公孫淵封為燕王，畢竟「一言既出，駟馬難追」。要讓孫權否定自己先前的詔令，他實在覺得有些小家子氣。

可張昭不理會孫權的面子問題，得知消息後他被氣得要死，本來以為孫權聽從了自己的建議，誰知還是無視自己的想法，於是張昭開始稱病不朝。

師生二人本來已經沒什麼事了，可張昭公然無視孫權的詔令再次惹惱了孫權：既然張昭稱病不出，那索性就別再出門了！

孫權派人用土將張昭家的大門堵住。

張昭眼見孫權如此，派家丁在裡面也用土把大門堵住，表示不再讓孫權踏入張家。

師生二人就這樣互不退讓。

然而，不久之後，果如張昭所料，公孫淵造反了，這也成了孫權、張昭師生二人緩和關係的轉機。

孫權平定了公孫淵以後，親自到張府賠禮認錯，可張昭卻不肯接受，硬是待在家裡不出來，既不給孫權開門，也不搭理孫權。

張昭不出來，孫權又覺得沒面子了，就命人用火燒張府的大門，想要把張昭逼出來。

誰知張昭竟然誓死不見孫權，嚇得孫權急忙派人滅火。

然而，孫權到底是一國之首，如此低三下四地對張昭，張昭再不領情實在有些過分了。張昭的兒子擔心這件事情最終會不可收拾，就命人強行把父親扶了出來。孫權見到張昭終於出來了，趕忙把張昭請回宮中，大擺酒宴，還當著文武百官滿飲三大杯，表示給張昭賠罪。

這次事情總算告一段落，可孫權還是改不了酒鬼本色。

有一次，孫權又喝多了，酒興之餘，竟然直接將酒潑在群臣的臉上，一邊潑著一邊還說：「今天務必一醉方休！」孫權這樣說了，誰敢不聽，群臣只好硬著頭皮陪孫權飲酒。

可張昭不高興了，黑著臉就走。

孫權一看，趕忙追了出去，估計這時候他還沒醒酒，忘了張昭的脾氣，竟然還嬉皮笑臉地說：「不過一起樂樂而已，老師何必發這麼大火呢？」

張昭說：「是啊，不過樂樂而已！你想過沒有，昔日紂王作糟丘酒池，夜夜沉迷酒色，當時也說只是樂一樂，結果呢？」一句話說得孫權滿面慚愧，酒宴也因此不歡而散。

小提示

孫權在酒桌上也留下過許多佳話。比如，常常借酒試才，魯肅、呂蒙都是在酒桌上選拔出來的大將之才。又常常在酒桌上收買人心，周泰和甘寧就是兩個典型的例子。孫權因為自己經常酒後犯錯誤，推己及人，他後來也經常原諒下屬酒後犯的錯誤。

華容道上走來個「大英雄」
——曹操做夢也想不到的失敗

故事 4

自從曹操把漢獻帝弄到自己的地盤，開始了「挾天子令諸侯」的征戰人生後，雖然不能說是逢戰必勝，可到底也是天下實力最強的人。

西元 208 年，曹操不費吹灰之力就把荊州奪了下來，以曹操的個性，自然要乘勝追擊，況且他坐擁二十萬大軍，想要奪取江東自然如探囊取物。

試想，如果當時沒有孫權和劉備的結盟，曹操一舉攻下江東孫權，轉而矛頭勢必要對準劉備。以當時的形勢，劉備和曹操正面交鋒，自然不是對手，那麼曹操統一天下的宏願就很容易實現了。

可是，在劉備和孫權身後的智囊諸葛亮、周瑜卻阻礙了曹操的計畫，兩人策劃一連串的計策，直接導致曹操在最關鍵的赤壁一戰中被孫、劉聯軍燒了個措手不及。

赤壁大火燒紅了半邊天，也燒得曹操倉皇潰逃，根本沒有反抗的餘地。

而孫、劉聯軍這邊見到火攻之計起了效果，索性又一把火把曹軍剩下的戰船燒了個乾乾淨淨，失去水路作戰優勢的曹操只得率軍經華容向江陵一路敗退。

此時，孫、劉聯軍自然趁機水陸並進地追擊曹軍。

不過，曹操雖然被大火燒得連連戰敗，但面臨的形勢並不十分嚴峻。畢竟在赤壁交鋒之前，曹操的實力已經十分強大，而孫、劉尚未形成大勢力。孫權和劉備也並沒有打算藉著赤壁一戰消滅曹操，一把火燒了曹操的船隊無

【 關羽義釋曹操 】

非是希望阻止曹操渡過長江，以保全自己的勢力範圍，或保證自己不被曹操消滅掉。

所以說，曹操雖然後有追兵，但以孫權和劉備的實力還不足以抽出部分兵力在曹操敗退的路上設伏軍。

即便如此，曹操在華容道上還是遇到很大的困難。

失去水路作戰部隊的曹操率軍從華容道步行逃跑，可這華容道自古就是沼澤之地，加上當天又吹著大風，想要通過華容道，其困難程度不比躲避孫、劉兩軍的追殺來得少。

但是，除了沿江向西以外，曹操沒有別的辦法，想要進入華容縣，還需要轉向西北繞上一個彎。而無論怎麼制定路線，曹操都必須經過一大片沼澤地帶。

面對無邊無際的沼澤，曹操萬般無可奈何，可後面的追兵說不定什麼時候就追上來了，所以他只能向前走。

但曹操的馬剛一踏入沼澤泥濘之中，就立即被困住，使得曹操不得不扔

掉馬鞭，下馬步行。

　　然而僅憑個人之力幾乎不可能走過去，曹操為了保命，就命令士兵砍下蘆葦、蒿草填在沼澤地上，又命年老的士兵以身體做橋趴在路面上。

　　就這樣，曹操率著殘兵敗將從那些年老的士兵身上踩踏了過去，而那些老兵最終也沒能從沼澤地中再次站起來。

　　眼看大軍就要全部通過華容道，曹操一顆提著的心終於放下來。

　　逃過一劫的曹操突然忍不住大笑起來，這一笑可把那些狼狽不堪的將領弄糊塗了，就問曹操發笑的原因。

　　曹操說：「劉備的才智雖然與我不相上下，但他的計謀總要晚我一步；假如他能預先派快馬趕到華容道放火，這次我軍必然全軍覆沒了。」不過，曹操話音剛落，就接到探馬報劉備派追兵在華容道上順風點火了。

　　但這時的曹操大軍早已經通過華容道，奔往江陵方向去了。

小提示

　　《三國演義》將曹操敗走華容道，寫成了諸葛亮派關羽在華容道設兵埋伏曹操，而關羽為了報答曹操知遇之恩放走曹操。等關羽回到軍營後，諸葛亮得知情況，立刻說：「這裡有軍令狀，不得不按軍法處置！」就要把他推出去斬首，劉備和手下將領們一個勁地為關羽求情，諸葛亮這才饒了關羽，讓他戴罪立功。

都是暴躁惹的禍
——張飛死得冤

張飛的英勇自然不必說，當年劉備在長阪坡被曹操打了個落花流水，要不是張飛據水斷橋，一聲長吼，喝得曹軍無一人敢上前逼近，恐怕劉備早就被曹操消滅了。

【飛畫像】

對於張飛而言，無論是他的神勇，還是他暴躁的個性，都是與生俱來相輔相成的。張飛因此聞名三國群雄之間，最終也沒能避免因此葬送掉自己的性命。

一代名將張飛其實死得很慘，想來也讓人遺憾，他既不是戰死沙場，也不是因病去世，反而是被自己的下屬給殺害了。

被手下給殺了也就算了，還是趁著張飛酒醉的時候來了個暗殺。

但歸根結底，張飛的死他自己是要負大部分責任的，倘若他生前不那麼暴躁，也不會惹得自己手下對他忍無可忍、恨之入骨，也就不會有後面的慘禍了。

張飛的脾氣暴躁原本是人盡皆知，他不似關羽那般為人寬厚，對待手下也

很體恤。張飛這人的等級觀念比較強，在他看來，手下就是手下，就是供他差遣責罵的，也因此，跟隨張飛的士兵稍有過錯，張飛就會爆發，二話不說鞭打士兵。有不少跟隨張飛多年的士兵不是戰死，而是因為小事莫名其妙地得罪了張飛，被活活打死。

張飛尊敬有才能的名人，而對部下十分粗暴，劉備對他的脾氣必然是瞭若指掌，便趁機勸說張飛：「這些士兵跟你出生入死，你不應該總是責罰鞭打他們。就算你鞭打士兵，也不要再讓他們跟隨你，如今你還留他們在你身邊，早晚會出事的。」劉備的意思已經很明確了，可張飛非但不聽，反而還繼續讓這些士兵跟在自己身邊，渾然不覺有什麼問題。

張飛如此行事，早已惹得軍營很多士兵不滿了。

後來，關羽被害，張飛得知消息以後又悲又恨，說什麼也要替二哥關羽報仇雪恨。

一天，張飛下令軍中，限三日內制辦白旗白甲，三軍掛孝伐吳以替關羽報仇。可到了第二天，張飛的兩名手下范強和張達卻告訴張飛說：「白旗白甲，一時無可措置，須寬限才可以。」本來只是一件小事，可張飛卻發怒了，不但大罵這兩名手下是違反軍令，還命士兵把這二人綁到樹上，每人各鞭打五十下。

張飛打完了人還不能解氣，用手指著二人說：「明天一定要全部完備！如果違了期限，就殺你們兩個人示眾！」

這兩人被打得皮綻肉開，對張飛恨得牙癢癢。

等回到營中，範強說：「本來就是不可能完成的任務，我們卻因此要受責罰。張飛個性暴躁，如果明天還籌辦不好，我們一定因此喪命。」張達也說：「等他來殺我們，不如我們先動手殺了他。」就這樣，範強和張達就合計出了殺害張飛的計畫。

可殺害張飛哪裡那麼容易，畢竟張飛武藝高強，且將軍的營帳日夜都有守兵，範強和張達想要殺掉張飛並不是輕而易舉的事情。

可巧的是，這天夜裡張飛打完了人以後，自己跑去喝得酩酊大醉，回到帳中，睡得呼聲震天。

這正好給了範強、張達一個機會。

於是，趁著深夜，守衛鬆懈，範強和張達每人都帶了一把利刃潛入張飛的營帳之中，趁著張飛酒醉夢中，就這樣把他給殺了。

範強和張達殺了張飛以後，擔心劉備報復，於是乾脆將張飛的首級砍了下來，連夜帶著張飛的腦袋逃到東吳。

小提示

　　新亭侯刀，是中國古代十大名刀之一。張飛初拜為新亭侯時，曾命鐵匠取煉赤珠山鐵打造了一柄大刀，並為此刀命名為「新亭侯」，此後隨身佩帶。後來，關羽戰死，張飛為報兄仇出征東吳，沒想到卻被部將趁其酒醉將自己殺害，而且部將斬殺張飛時，也恰恰是用的他這把新亭侯刀。

故事6

小忍釀大謀
——諸葛亮的職業規劃

諸葛亮二十七歲那年被劉備從茅廬裡請了出來，開始了他波瀾壯闊的一生，直到五十四歲在五丈原去世。

他雖然最終沒能挽回劉氏政權的衰頹，可還是以獨特的人格魅力征服了後人。

在講究出身門第的後漢時期，以諸葛亮的出身來看，想要建立功業基本是不大可能的。畢竟在官場上諸葛亮沒有人脈，可諸葛亮卻靠著結交有身分有地位的朋友，將自己的名號傳播了出去。

其實就在剛結識文人名士的時候，大家已經看出了諸葛亮的才華，並且提出引薦諸葛亮做官的想法，可諸葛亮全都拒絕了，反而選擇到南陽種地。

【明朝宣宗宣德皇帝朱瞻基所畫的《武侯高臥圖》，描繪的是諸葛亮出茅廬輔助劉備之前，隱居南陽躬耕自樂的形象。】

諸葛亮並不是不想成就自己，只是還需要一個真正的機會。

就在諸葛亮出山之前，其實天下的形勢已經十分明朗了：北有曹操，東有孫權，西有劉璋，而他自己則待在劉表的地盤，另外劉備也稍微有點勢力。

此時天下亂世，諸葛亮要投靠哪位老闆還得謹慎選擇。

曹操勢力最大，本身文武雙全，身邊又有荀彧、荀攸、賈詡這些頂級智囊，可以說是人才無數。假如諸葛亮投奔曹操，惜才的曹操雖然必定會禮遇他，可真正能給諸葛亮發揮自己才幹的機會恐怕很少，搞不好諸葛亮最終就只能成為曹操後備力量中的後備，那只能是碌碌一生了。加上曹操篡漢之心路人皆知，在諸葛亮這種正統知識份子的心目中，一個不留神就會引火焚身。

於是，諸葛亮將目光又投向了孫權，而且諸葛亮的哥哥諸葛瑾又在孫權手下做事，選擇孫權，與哥哥互相有個照顧其實也挺好的。可是，孫權身邊早已經有了智囊周瑜，且周瑜從孫家到江東打天下時就出兵出力，與孫氏的感情厚不可言。這樣一來，諸葛亮仍然無法得到最充分的機會。

就這樣，孫權也被諸葛亮排除了。

其實，諸葛亮身居劉表的統治範圍內，且劉表對諸葛亮也很看重，加上劉表是諸葛亮叔父諸葛玄的老相識，因此也是一個不錯的選擇。

然而諸葛亮明白，劉表現在的安穩並不能持續太久，他的長子劉琦有娘家勢力，而劉表卻喜歡次子劉琮，一旦劉表過世，荊州地區必然出現奪嫡內亂。且劉表自身的性格弱點諸葛亮早就心知肚明。

因此，劉表必然不是一個好的選擇。

曹操、孫權、劉表都已經被排除了，剩下的只有劉璋和劉備了。

此時劉璋一直保持著中立態度，而劉備雖然實力不及其他幾個人，卻積極收攬人才擴大勢力，前景十分可觀。

終於，諸葛亮敲定了人選。

既然諸葛亮心裡已經選擇了劉備，剩下的就是等著劉備來請自己了，畢竟他早已經把自己的名聲傳出去。假如劉備真的有建功立業之心，且又愛惜人才，自然會主動找上門來。

當劉備終於找到諸葛亮以後，並沒有一次成功，諸葛亮又考驗了兩次劉備，看他是否誠心，因此避而不見。

最後，當諸葛亮確定劉備是自己的明主時，他的傳奇生涯也開場了。

按說當時名士都是年少有為，諸葛亮二十七歲才步入官場，比起三國同時期的人物都晚了很多。可這正是諸葛亮的忍耐，也正因為這份忍耐，最終才成就了諸葛亮的生前身後名。

小提示

　　「三顧茅廬」的故事在史書《三國志》中只用五個字做了記錄：「凡三往，乃見。」而陳壽在評價諸葛亮時，也說過「治戎為長，奇謀為短。理民之幹，優於將略」。可見，諸葛亮雖然是個有才能的人，但並不像《三國演義》渲染的那麼神奇。

他的死與別人無關
——周瑜大計未成身先死

提起周瑜就難免和諸葛亮聯繫起來，可事實上周瑜去世的時候，諸葛亮還在蜀地做後勤工作，兩個人實際上是八竿子打不著的關係。

但是，正值壯年的周瑜在他三十六歲這年因病去世，卻恰好成全了劉備的大業。

【周瑜畫像】

赤壁一戰，成全了孫權和劉備的聯盟，按照諸葛亮三分天下的大計，孫、劉聯盟必定無法長久維持，不過是為了避免自己的力量被曹操吞掉罷了。

赤壁之戰過去了很久，孫、劉的聯盟本來已經沒有互相利用的價值了，眼見劉備的力量越來越大，招募的賢士也越來越多，可孫權卻沒有下定心思與劉備斷絕關係，反而還把自己的妹妹嫁給了劉備穩定聯盟。

劉備倒是很懂得把握機會，既然孫權還是自己名義上的內兄，那怎麼也要給自

己點好處。於是，劉備向孫權提出治理荊州的想法，其實就是要荊州的統治權。

這件事被周瑜得知後，心知留下劉備日後必然會有禍患，就勸孫權趁著和劉備見面的機會，直接扣押劉備，把其送到吳郡分封為王，將劉備與關羽、張飛各置一方，以此吞併劉備的勢力，又能防劉備將來會對孫權不利。

可孫權卻偏偏認為，此時曹操在北方搞擴張，還需要留著劉備對抗曹操，更重要的是，孫權本人不屑於玩這種陰謀詭計。

就這樣，劉備從孫權手裡要來了荊州，自己又安然無恙地回去了。

這次雖然錯過了打擊劉備力量最好的機會，可周瑜還有另一個大計畫。

原來，在周瑜心裡，一直默默構想著一個足以改變歷史的大計。當周瑜覺得時機成熟時，便找到孫權，對孫權說：「現在的曹操雖然一支獨大，可天下反對曹操的人也很多，何況曹操在赤壁之戰吃了大敗仗，一時不能繼續擴張了，他應該正在忙著治理內部事務，防備內亂，我們恰好可以利用這個機會搞個『西部大開發』。請您派孫瑜與我一起，共同領兵進攻劉璋，正好還能順路將張魯也一併消滅，這樣漢中就成了我們的地盤。我們有了漢中這個籌碼，就可以聯合西北部的馬超共同對抗曹操了。這時候的曹操西部要抵抗馬超，正面又要對抗我們的大軍，就算他的軍隊再強也是擋不住的。」

周瑜這個計畫，在細節上考慮得非常全面，孫權也是明白人，自然知道這是一個可行性極大的計畫。

然而，計畫雖然完美，主要策劃人周瑜的身體卻出現問題。

周瑜生病也許是因為舊疾復發，也有可能是操勞過度，但有一點能夠肯定的是，周瑜的病和諸葛亮沒有半毛錢關係，並不是被氣死的。

周瑜的身體一天天垮下去，他自己也知道病情的嚴重性，於是就趕緊給孫權寫了一封信，信中簡單分析了天下的形勢，重點指出劉備在荊州的危害，

又將魯肅引薦給孫權。

至此，周瑜算是向孫權交代了身後事。

沒過多久，周瑜就在巴丘去世了，年僅三十六歲。

小提示

陳壽評價周瑜：「曹公乘漢相之資，挾天子而掃群傑，新蕩荊城，仗威東夏，於時議者莫不疑貳。周瑜、魯肅建獨斷之明，出眾人之表，實奇才也。」當孫策率軍到江東開創事業的時候，周瑜便開始跟隨孫氏政權，可以說，周瑜是吳國的開國功臣。英年早逝不僅令他早早從三國舞臺上謝幕，此後少了周瑜的吳國，再也沒能重現輝煌。

大英雄背後的大英雄

故事 8

——趙雲一馬救少主

自從劉備有了諸葛亮做軍師，不能說是戰無不勝，但的確是扭轉了一直以來的劣勢。在新野一戰中，劉備更是奇蹟般地以薄弱的力量打敗了曹操的大軍。

曹操怎麼也不敢相信劉備竟然能打敗自己，這次劉備勝了，可也真正結下了和曹操之間的仇恨。

沒過多久，曹操便率領大軍來找劉備報仇了，且還是在劉備途經陽縣、身邊只有三千人馬的情況下突襲而至。

可想而知，劉備突然被曹操截住，豈止是苦戰能夠形容，兩軍僵持，這次劉備可沒能夠以少勝多擊敗曹操，只能下令撤退。

曹操為了順利抓住劉備，只率了五千輕騎，狂追不止。

這五千輕騎，本來是曹操的精銳作戰部隊，當初曹操就是憑藉這五千騎兵，奔襲烏巢，一舉燒掉袁紹的糧草，徹底將袁紹逼入絕路。

劉備此時碰上曹操的精銳部隊，要多狼狽有多狼狽。

他打不過曹操，只能抵抗一步是一步，曹、劉兩軍從天黑打到了天亮，劉備好不容易才擺脫了曹操的追擊。

但是，劉備雖然平安脫身了，隨他作戰的趙雲卻在半路發現劉備的小妾糜夫人不見了。糜夫人不見了還好，可關鍵是糜夫人還帶著孩子，這孩子是劉備的長子阿斗，也是日後的接班人。

無奈之下，趙雲只好集合了三十個騎兵，重新回到戰場，去尋找走散的糜夫人母子。

危急關頭，戰場之上，刀槍可都是無情的。劉備雖是英雄，可英雄也需要其他的英雄幫助才能成就功業，而趙雲正是劉備身後的大英雄。

當時，趙雲想都沒想就衝回亂軍，當時兩軍士兵都已經殺紅了眼，屍野遍地，危險程度難以形容。

趙雲一路殺敵，到處打聽糜夫人的下落，總算皇天不負有心人，趙雲費了好大勁終於在一面斷牆後的枯井旁找到了糜夫人母子。

糜夫人抱著孩子躲藏在亂軍廝殺的角落裡，雖然沒受到什麼傷害，可也受了不小的驚嚇。

她見到趙雲，彷彿看到了希望，一邊將懷中的劉阿斗抱給趙雲，一邊激動地說：「見到將軍阿斗就有救了，我的性命微不足道，死不可惜，只盼將軍能帶著阿斗脫離危險，我死而無憾！」語畢，糜夫人就投井自盡了。

【中國戲曲裡的趙雲形象】

糜夫人犧牲自己為了保全阿斗，趙雲明白糜夫人的大義，此時曹軍士兵虎視眈眈，趙雲無暇顧及其他，只好將土牆推倒掩蓋住井口，算是對糜夫人進行了埋葬。

糜夫人為了保護阿斗已經捨棄性命，趙雲抱著阿斗更不能辜負糜夫人的心意。

曹兵一批一批攻上來，都被趙雲打退了。

好不容易趙雲脫離了包圍，卻又碰上曹將張部。兩個武將大戰十餘回合，最後趙雲找到機會奪路逃走。但不幸的是，趙雲隨後連人帶馬落入了陷阱。此時張部占了優勢，直逼著趙雲挺槍來刺，只見趙雲的馬用力一蹬，竟然跳出陷阱，嚇得張部向後退去。

趁著這個空檔，趙雲終於脫離了險境，而年幼的少主阿斗也因此得以保全性命。

小提示

　　曹操和劉備在漢水決戰時，曹操見蜀軍營中毫無動靜，又見趙雲單槍匹馬挺立營寨門外，威風凜凜，毫無懼色，因此懷疑會有埋伏，便下令收兵回營。

　　而此時趙雲趁機率軍追擊，嚇得曹軍丟盔棄甲，爭相逃命，死傷無數。

　　劉備封趙雲為虎威將軍，並讚譽他「一身是膽」。

故事9

悲情彷彿「天註定」
——最強馬超的孤獨

　　雖然在群雄爭霸的三國時期戰爭連年，但被滅門的慘禍尚不多見，可馬超卻成了這種巨大悲劇的承受者。

　　在曹操正值「挾天子令諸侯」的事業高峰期，就連年輕的皇帝都已經放棄抵抗了，但在朝廷裡尚有一些忠誠護主的良臣想要挽回已經傾頹的東漢政權。這直接導致了建安四年的「衣帶詔」事件。

【馬超畫像】

　　這年參與護送漢獻帝東歸的安集將軍董承，在政權分配問題上與曹操產生了不可化解的矛盾。東漢被外戚控制了百餘年，董承又恰好是董貴人的父親，此時看到曹操如此不可一世，他就好像被洗腦了一樣，認為自己貴為外戚，理應是權力執掌者。於是董承拉了一群同謀者，對外宣稱已經接受了漢獻帝衣帶中的密詔，要將奸臣曹操正法以正朝綱。

　　馬超的父親馬騰和劉備一樣，當年都是衣帶詔的參與者，共同反曹。後來東窗事發，董承陰謀敗露，這群同謀者都被曹操滅族殺害了。只不過劉備在事發之前已經有了「第六感」，事先逃離

許昌，這才逃過一劫。

可馬騰全家都在許昌，因此除了長子馬超長年在外統兵，僥倖保住一命以外，其他家人全被曹操殺害了。

當馬超得知自己全家被曹操殺害，差點當場暈過去。此等殺父滅族大仇，堂堂熱血男兒豈有不報之理！於是，馬超聯合韓遂起兵反曹，並且殺得曹軍接連敗退，在潼關一戰更是連敗曹操手下諸多猛將。

坐鎮後方的曹操，這下可坐不住了，當即率軍親自迎戰馬超大軍。誰知曹操不出去還好，這一上戰場竟然被馬超打得落花流水。要說這時的曹操有多落魄，想像一下，當曹操聽到馬超大軍以穿黑袍的目標尋找自己時，嚇得當場把袍子脫了，剛脫了袍子，又聽見馬超大軍吆喝著「留鬍子的就是曹操」，曹操都顧不得自己一把鬍鬚留了多久以彰顯威望，嚇得立即抽出隨身攜帶的短刀割掉了自己的鬍子。

雖然曹操割鬚棄袍，可還是被馬超在渭水追上了，而且被馬超一箭射中，險些丟了性命。而曹操手下大將虎癡、許褚，與馬超苦戰到沒了衣服丟了刀。

但曹操畢竟是人脈操盤手，在曹軍不堪抵擋時，賈詡獻上離間計，最終令馬超和韓遂內訌自相殘殺，曹操才得以重新整飭軍隊，潼關之戰大逆轉，挫敗了馬超。而失敗了的馬超只好退守到冀城，可霉運上身的馬超並不是簡單戰敗而已，守在冀城的將領也趁此背叛了馬超。

怎麼說也是曾經共同作戰的弟兄，冀城守將在關鍵時刻倒戈相向，不給馬超打開城門也就算了，沒想竟然心狠手辣到將冀城裡馬超一家老少都抓來砍成兩截，一個個的從城頭扔下來，甚至連幼童都不放過。

馬超眼看著一具具殘缺不全的屍體被扔下來，自己卻無能為力，當場氣得吐血！

馬超這輩子很悲情，先是父親全家被殺，接著自己全家又被殺，可以說

真的是斷子絕孫了！

馬超失去了根據地，進退維谷，兩難之間只得跑去漢中投奔張魯。

可是張魯並不重視馬超，馬超大仇不得報，又整天被張魯憋在家裡，整個人更加不痛快了。後來，張魯派馬超去西川打劉章，劉章派劉備去抵抗，劉備正是用人之際，就與馬超談起與他父親馬騰的交情，最後把馬超給說降了。

此後在劉備處，馬超一直鎮守著西線，乃是因為他和西涼羌胡的關係歷來比較好。

雖然馬超不如關羽名氣大，但在三國中仍以「關馬」作為並列，可見馬超武藝非凡。甚至書中有「三國之中出呂布，呂布哪有馬超好」的說法。一馬一槍，飛將軍馬超豈是浪得虛名。相傳，在潼關大戰時，馬超咄咄追擊曹操，如果不是關鍵時刻一槍刺在槐樹上難以拔出，也許此後三國爭霸裡就再也沒有曹操這個人了。

小提示

　　劉備打敗曹操，占有漢中後，封關羽、張飛、馬超、黃忠各為前、右、左、後將軍，魏延為漢中太守，趙雲並未並列其中。《三國演義》說趙雲也被任命為中將軍，與關、張、馬、黃合稱為「五虎將」，並不符合史實。在正史記載中，曹操真有「五虎將」，分別是張遼、樂進、於禁、張郃、徐晃。

說不出的委屈
——魏延蒙冤千古

故事 10

　　東漢末年，社會動盪不安，一時之間諸侯並起，群雄割據四方。那些有勢力的軍閥大族，為了壯大自己的實力，紛紛採用「部曲」這種私人武裝形式來組建自己的軍隊。

　　畢竟在那個戰火紛飛的年代裡，武裝力量是否強大，是性命攸關的頭等大事。蜀漢政權的領導者劉備，在這樣的社會環境中，自然也不會減慢組建私人武裝的步伐。

　　隨著時間的推移，在劉備手下湧現了一批屬於他的嫡系「部曲」，蜀漢大將魏延，就是以這種身分入駐蜀漢大軍的代表人物。

　　魏延是天生的武將，他因性格勇猛好鬥，在軍中屢立戰功，很得劉備的賞識，時間不長就從普通的將領升到了牙門將軍一職。後來，劉備採納了謀士法正的計謀，用兩年多的時間從曹操手中奪取了漢中。

　　漢中這塊地方雖然不大，但是它對於缺乏根據地的劉備而言，具有非同小可的戰略作用，它不僅使劉備現有的地盤連接在一起，使蜀漢的統治區域形成了以四川盆地為主的整體，同時，劉備還在此時自稱「漢中王」，表達了對抗「曹賊」的堅定決心，三國鼎立的局面也因此形成。

　　漢中的重要程度，不亞於荊州，這裡不僅能夠保障蜀漢既得根據地的安全，又能作為日後北伐的最合適基地。因此，為了保障蜀漢的安全，不至於在大軍出擊時，被別人端走老巢，就得找到一個最得力的幹將，鎮守在這塊連接關中和巴蜀的軍事重鎮。

這時，幾乎所有的蜀漢高級將領都認為能夠擔當此等大任的，非張飛莫屬。然而，作為決策者的劉備，最終卻選擇了威信和名氣都不及張飛的魏延。劉備的這一決定，讓蜀漢諸將領都略感費解，甚至連諸葛亮都對魏延是否真能擔此大任表示懷疑。

然而，魏延的表現卻極為出色。就像他曾當著諸將的面對劉備表態時說的一樣：「如果曹操傾全國之力前來進犯，我魏延定為大王擋住他的攻勢；如果前來進犯的是曹操部下率領的十萬大軍，我魏延定為大王將其吞併！」這看似豪言壯語般的表態，在魏延鎮守漢中十年後，完全應驗了。

建安八年，曹魏舉兵三路大舉向漢中進發，準備狠狠打擊蜀漢。魏延得到情報後，率領一支部隊先繞道羌中，取了曹魏控制的涼州，又返回來大敗曹魏大軍。魏延也因為這一次的軍功被封為征西大將軍和南鄭侯，其在蜀漢軍中的魁首地位，已經十分穩固。

【《三國演義》插畫中，魏延（最左方）破壞了諸葛亮延壽作法。】

40

在魏延鎮守漢中的十五年中，經歷了大大小小的戰事無數，幾乎從未吃過敗仗。在魏延的堅守下，漢中固若金湯，所有打漢中主意的人，在魏延面前都沒有討到一點便宜。

　　魏延勇猛兼備，文武過人，在劉備去世後，他的地位可以說僅次於諸葛亮之下。

　　樹大招風，這樣高的地位，難免遭人妒忌。

　　身為丞相府長史的楊儀，素與魏延不和，兩人經常不分場合發生激烈衝突。

　　諸葛亮最後一次北伐時，身染重疾，料到自己將不久於世，就召開了一次緊急軍事會議。

　　在這次會議中，諸葛亮秘密下達了撤軍命令。

　　因為魏延始終堅持北伐，諸葛亮料到這道撤軍令恐怕不合魏延的心意，所以他說如果魏延接到「斷後」的命令拒不服從，其他各將只需依令行事，不要理會魏延的決定。

　　不出諸葛亮所料，魏延在得知讓他斷後撤軍時，十分生氣。他認為雖然丞相去世了，但是北伐的宏偉計畫怎麼能因為一個人就輕易改變呢？況且讓自己斷後，豈不是接受了楊儀的擺佈？於是，魏延日夜兼程，趕超了楊儀的部隊。楊儀不服，又再次趕超魏延。

　　就這樣，這兩支部隊趕來趕去，誰也不服誰，大有打起來的陣勢。

　　為了占據主動地位，兩人紛紛向劉禪上書，說對方謀反。

　　劉禪收到上書後，便問各部將的意見，大家紛紛將矛頭指向了魏延。

　　魏延看到形勢對自己不利，便放棄了和楊儀鬥氣，企圖以逃走來緩解這場矛盾，畢竟謀反的罪名是他擔不起的。

然而，楊儀並不想緩解矛盾，他派出大將馬岱一路追擊魏延，最終殺掉了已經失去部隊的魏延。

一代名將就這樣失掉了性命，還在千百年來始終背著叛賊的惡名。

小提示

據《三國志》記載：「原延意不北降魏而南還者，但欲除殺儀等。」魏延與楊儀的爭鬥，只是因為素日的不和，而想透過這個機會殺掉楊儀以洩私憤，說他是反賊，可謂大大曲解了這位英雄。

後來，經過《三國演義》等藝術作品的演繹，魏延一出場就是一個腦後長著「反骨」的人物，就算他功勞再大，也只能成為一個心思縝密、圖謀不軌的反叛形象。這對歷史上真實的魏延而言，實在是太大的不公平。

從不信任到信任
——龐統三計爭蜀地

故事 11

蜀漢軍中不乏舉世聞名的人才，最有名的要數諸葛孔明。如今人們談論起三國時期的人物，號稱「臥龍」的孔明先生當仁不讓地排在最前列。諸葛亮的儒雅風度和神機妙算，給後世留下了許許多多的故事。經過各種藝術形式的加工再造，諸葛亮的形象深入人心，總讓人們覺得如果劉備不請諸葛亮出山，恐怕霸業難成。

然而，在那個亂世風雲的三國時代裡，世道衰微，社會紛亂，卻使許多有志之士勇敢地從書齋中走了出來，試圖報效大漢王朝，以自己的棉薄之力扛起社會興亡的責任。諸葛亮是這許許多多柔弱書生中的一個，號稱「鳳雛先生」的龐統也是其中之一。

當這些手無縛雞之力的書生從書齋走向軍旅的那一刻起，他們並不知道歷史也正跟隨著他們所邁出的那一步，將要發生多少變化。

龐統，字士元，湖北襄陽人，曾是劉備軍中有名的謀士。

【龐統畫像】

43

他年輕的時候，雖然滿腹經綸，極有才華，但並不為世人所知。直到他二十歲時，特意前去拜見當時的名士司馬徽，這種不被看好的狀況才有所改善。司馬徽初見龐統時，看到這個相貌平平的年輕人，一開始並沒有感到什麼不一樣。直到龐統不動聲色地在桑樹下和司馬徽攀談起來，司馬徽才漸漸被龐統的學識和見解所折服。

這次會面，兩人整整談了一天，談話內容上到天文地理，下到社會時局，無所不包。龐統的表現讓司馬徽不禁對他刮目相看，在此次談話之後，司馬徽逢人便說如今在南州這塊地方的士人，恐怕沒有誰能夠比得上龐統。

自此之後，龐統的名字才漸漸被人們所知，而被稱作「鳳雛」。

赤壁之戰時，龐統是周瑜的部下，他深感劉皇叔的偉大抱負，便留在劉備軍中，以縣令的身分坐守耒陽。

在此期間，龐統並不像人們想像中的那樣勵精圖治、勤勉工作，相反的，他對於一般性的縣衙工作不理不睬，最後因為工作的疏忽和本人的「不勤奮」被罷免了官職。

發生了這樣的事，劉備對龐統的才能有所懷疑，他覺得這位名聲在外的鳳雛先生不過是有名無實，況且魯肅曾在同劉備說起龐統時，對他的評價並不高。

雖然如此，劉備卻也記得徐庶曾對他說過，臥龍、鳳雛此二人，得其一便可安天下。

劉備此時正是急需人才的階段，因而對龐統也就聽之任之了。

事實上，龐統之所以不勤縣務，是有意為之。

他深知劉備對自己的看法，如果按照劉備的安排，他充其量不過是一個好縣令，而一個縣豈能容得下龐統的志向？他關心的是天下大事，免去縣令之職才能繼續跟隨劉備行進，才不會只固守在一個地方。

建安十六年，益州牧劉璋因張魯之患，請劉備入蜀共抗張魯。此時法正等人便遊說劉備趁機拿下益州，但畢竟不是自己的謀士，劉備心中猶豫不決，無法做出決斷。

　　這時，龐統站了出來，對劉備說益州的重要和此次機會的難得。

　　在龐統的分析下，劉備這才下了進駐益州的決心。

　　一年後，龐統再次向劉備獻策，這次龐統所說的計畫，讓劉備直接奪取了蜀中這塊最大的根據地。

　　龐統向劉備出了上中下三條計謀，上計是奇襲成都，中計是詐取涪城，下計是退守白帝。

　　最終，劉備採用了中計：詐取培城。

　　劉備此時已在葭萌關駐守了一年有餘，自己的霸業並無太大進展，於是謊稱要回荊州。蜀中大將楊懷、高沛聽說後前來為劉備送行，而劉備卻反誣他們是來誅殺自己的，並找到許多證據，殺了這兩員大將，反殺回涪城，並很快攻陷了當地。

　　此後，劉備便以涪城作為根據地，攻克了許多城池，打敗了劉璋，將益州占為己有，正式入駐蜀地。

　　在劉備猶豫不決時，正是由於龐統的上中下三計，才使他下定決心，拋開道德層面的顧忌，為自己的霸業邁出了最為關鍵性的一步，否則，如果以劉備的性格，不知道還要圍繞蜀地兜多少個圈子。

　　自此以後，劉備對龐統可謂言聽計從了。

　　東晉著名史學家習鑿齒曾說：「龐統懼斯言之泄宣，知其君之必悟，故眾中匡其失，而不脩常謙之道，矯然太當，盡其塞諤之風。」是說劉備雖然深知益州的重要戰略意義，但因為礙於劉璋同是劉氏宗親的緣故，遲遲下不了攻克益州的決心。龐統對劉備的這種心思瞭若指掌，因此獻上三計。這三計乍看各有各的道理，但真正可實施的僅中計一條而已。如果單獨只獻中計，劉備一定會推託考慮，而同時獻上三計，就在無意之間讓劉備進行了一種被動的選擇，因此蜀地可奪。龐統的三計，不僅是熟悉戰略的結果，同時也是熟悉人性的結果。

我說投降你就信
——赤壁先鋒黃蓋

故事 12

孫、劉聯軍制定了聯合抗曹的戰略計畫後，便決定在赤壁給曹軍一記重擊。雖然蜀漢方面的諸葛亮和東吳方面的周瑜英雄所見略同，都決定採取火攻的方式打擊曹操，但是具體實施起來，還是有許多細節問題難以解決。

這時，曹操派遣蔡中、蔡和兩兄弟假意投降東吳，一方面試圖暗中窺探孫、劉聯軍的動向，另一方面要在戰爭打響時，秘密接應。

蔡氏兄弟的詐降怎能瞞得過東吳都督周瑜的眼睛，他洞悉此二人的心思，決定不動聲色、將計就計。

一天深夜，東吳三朝元老、大將黃蓋來到周瑜帳內，見到周瑜後，黃蓋開門見山地對周瑜提出了自己對即將到來的戰爭看法。巧的是，黃蓋也想到了用火攻的方法來破敵。對於黃蓋，周瑜是非常欽佩和信任的，便毫不保留地說出了自己的想法。

黃蓋聽到周瑜的計謀之後，對此計讚不絕口，並主動請纓，希望由自己來配合周瑜「演一場戲」。

在周瑜的計謀中，必須有人先進入曹營做內應。眼前鬚髮花白的黃蓋，對自己的年齡絲毫無所顧忌，他說自己的年紀和身分是最好的掩護，如果要想成功騙過曹操的耳目，實行反間計，他是東吳所有人中最合適的人選。和江東的基業相比，他甘願做此次詐降的主角。

周瑜對黃蓋的深明大義非常感動。要知道，曹操生性多疑，此時大戰在

即，就算是真要投降，也是要冒著被曹操懷疑殺害的風險，別說黃蓋只不過是詐降。

商議已定，立即行動。

就在周、黃密談的第二天，周瑜召集了東吳所有大將，準備部署攻曹的作戰方案，其中自然也包括蔡中與蔡和。

就在周瑜命令各將領分頭準備三個月的糧草時，老臣黃蓋對周都督的命令提出了質疑。他說：「曹操乃今世梟雄，實力已今非昔比，何況他又有皇帝撐腰，要想打敗談何容易？三個月就想破曹，真乃黃毛小兒之言，即使是三十個月，曹操也不會就這樣被打敗的。依我看，就應該只準備一個月的糧草，如果一個月內不能打敗曹操，以後再多時間都無濟於事，這時就該識時務，投降才是正道，以免百姓跟著受苦。」

黃蓋的這番言論一出，讓當下所有的將領都傻眼。雖然此時東吳軍中不乏高唱投降論調的將領，但在周瑜面前誰也不敢輕易將這種想法表露出來。

果然不出眾人所料，周瑜聽到黃蓋的話後火冒三丈，直罵他長他人志氣，滅自己威風，並說黃蓋在大敵當前之際動搖軍心。

黃蓋和周瑜在眾人面前做了一場好戲，至此為止，在旁人眼裡看來周瑜和黃蓋已經決裂無疑了。那麼，當黃蓋派人給曹操傳遞詐降書的時候，看起來也是十分自然的。

黃蓋的詐降書大意是說：自己深受孫氏的恩德，雖然待遇很好，但以如今天下形勢來看，區區江東六郡人馬豈會是中原百萬大軍的對手，這無疑是螳臂擋車；雖然江東的文武百官都明白這一點，但周瑜和魯肅卻始終固執己見；識時務者為俊傑，投降已為大勢所趨，等到交鋒之日，我黃蓋願為前鋒，當機行事，為曹公效命。

雖然黃蓋給曹操寫了信表示自己投降的決心，可想要曹操相信自己並不

是那麼容易。送信人到了曹操軍中，曹操雖然懷疑，但還是和送信人密談了許久。終於，送信之人用傑出的口才讓曹操對黃蓋的投降深信不疑，加上當時曹操舉兵南下，孫權一方草木皆兵，真正敢提出抗曹的只有周瑜、魯肅少數幾人。所以曹操很自信地認為黃蓋是被自己的威勢所懾。

黃蓋的詐降計已經鋪墊完畢，當所有的一切都準備好，黃蓋便率領數艘詐降船隻，且全部裝滿柴草，澆上了火油，又在大船後繫上小船，然後浩浩蕩蕩地駛出，準備與曹操匯合。

就在詐降的船隻駛到離曹操戰船僅二里時，黃蓋下令所有船隻放火，此時東風大作，火借風勢，所有的船都燒在一起。

黃蓋率領眾兵士跳上事先準備好的小船，返回了東吳。

經此一戰，曹操的戰船盡皆燒毀，曹操經歷了他有史以來最大的一次失敗，本人也差點喪命。

小提示

《三國志》這樣評價黃蓋：「江表之虎臣。」周瑜與黃蓋合演苦肉計的故事，在後世演變出一句歇後語：「周瑜打黃蓋——一個願打一個願挨」。

這並不是一方的智慧，或者另一方的英勇，而是周瑜和黃蓋雙方對保衛江東基業的責任使然。

同時可以看出，戰爭勝利也是情報真假的勝利，這場為實現反間計而上演的苦肉計，何嘗不是中國古代版的諜中諜。

故事 13

「潛伏大師」
——司馬懿五十年見證自我

人們常說「亂世出英雄」，天下大亂之時，社會運轉的機制改變了，許多在治世中不會出現的機會也就應運而生，大凡心中有抱負的人都不會輕易放棄這樣難得的機會。於是，在三國這樣的亂世之中，出現了曹操、劉備、孫權等大英雄。

按照常理來說，英雄人物一旦獲得了機會，創建一番事業之後，對權力的野心也就自然而然地顯現了出來。然而，在權力面前，有一個人卻不動聲色，隱忍幾十年，只為贏得最後的勝利·

他就是被當時的名士楊俊稱為「非常之器」的司馬懿。

將帥之才奸雄之志
秉政專權見利忘義

司馬懿

【司馬懿】

司馬懿是三國時期輔佐了曹魏四代君主的重臣，他對曹魏政權有非常大的貢獻，然而這個在曹魏集團中臣服了五十年、在曹叡臨終時被委以託孤重任的魏國老臣，在他晚年時，卻導演了一幕司馬氏與曹氏爭權的政治戲碼，最終從幕後走到台前，成為最後的贏家。

很難想像在充滿了血雨腥風的三國時代，用五十年時間隱忍、臣服，需要多麼大的忍耐力，然而司馬懿卻做到了。

他的經歷似乎是曹魏篡漢的翻版，曹

氏篡漢、司馬氏篡曹。

　　司馬懿的才能很早就被曹操注意到了，在聽到司馬懿的名聲後，曹操第一時間就想將他召到麾下效力。

　　但年輕的司馬懿看到漢王室衰微，不願意屈就在曹操門下，便假裝患有嚴重的風痹病。

　　曹操對司馬懿患病一事持懷疑態度，就派出一名刺客，夜間去司馬懿的住處打探消息。

　　當刺客半夜三更潛入司馬懿的床前，舉刀威嚇時，司馬懿一動不動，似乎真患有風痹一樣。

　　等到曹操升任丞相之後，再次表達了希望司馬懿來幫助自己的意願，卻仍被司馬懿拒絕了。曹丞相一氣之下，便用強制手段逼迫司馬懿為自己效力。

　　不得已，司馬懿加入了曹魏集團。

　　雖然司馬懿此後盡心輔佐曹操，但精明謹慎的曹操仍在「忠臣」司馬懿的身上看出其「有雄豪志」、「狼顧之相」，因此，曹操對司馬懿一邊委以重任，一邊又暗中防備。

　　對於曹操的猜忌，司馬懿心知肚明，為了讓自己「演」得更真實，司馬懿採用了投其所好的方式，來增加曹操對他的信任。他知道曹操想要奪取漢室天下的心思，便幾次三番地對曹操表明自己對他的支持，這讓曹操開心不已。對於曹操下達的所有命令，司馬懿都盡心盡力做到最好，任何人看他都是曹魏集團中無可替代的忠臣。

　　曹操去世後，曹丕掌權。不同於對曹操的完全臣服，對於曹丕，司馬懿改變角色，由一個忠順的臣子變身為有決斷、有智慧、能為曹丕提供最大幫助的謀臣形象。

　　這樣一來，司馬懿的地位也得到提高，從尚書、督軍，一直到託孤重臣，時間隨之過了幾十年。

時機仍未成熟。

曹叡臨終時，將年僅九歲的曹芳託付給了兩個人，除了司馬懿之外，還有一個是曹氏的宗室——曹爽。司馬懿雖然有能力和謀略，但曹爽畢竟是曹家人，硬要奪權，司馬懿仍然沒有十足的把握。

幾十年都等過去了，不妨再等一等。

不久後，機會來了。

曹爽在成為託孤大臣之後，十分驕傲，為了使自己威名遠揚，他不聽勸告，一意孤行，兩次發動對蜀漢和東吳的戰爭都以失敗告終，這使得魏國國力衰退，民心也轉向了司馬懿一邊，魏國許多將領都希望司馬太傅出面主持時局。

曹爽卻繼續結黨營私，不顧民怨沸騰。

這時的司馬懿表面上裝作年事已高，無力掌管政事的樣子，暗中卻在積極謀劃，準備消滅曹爽的勢力。

待到萬事俱備時，司馬懿利用皇帝御詔，以謀反罪誅殺曹爽及其黨羽，最終將大權從曹氏手中奪了過來。

可是此時，司馬懿已經七十多歲了。

小提示

　　司馬懿一生謹慎，從來不被眼前的利益所迷惑。就在曹爽失去民心之後，以並州刺史孫禮為首的官員，都希望司馬懿能夠除掉曹爽，但司馬懿卻說「且止，忍到不可忍也要忍」。

　　「忍」字似乎是司馬懿一生的寫照。

　　唐朝大詩人杜牧曾說司馬懿：「皆考古校今，奇秘長遠，策先定於內，功後成於外。」

第一愛將有節操
——張遼一心為曹

大將張遼是三國時曹魏集團「五子良將」之一，一生戰功赫赫，常令敵軍聞風喪膽，就連當時東吳主公孫權，聽到他的名字都膽戰心驚。

張遼祖上本不姓張，他的先祖是西漢時期聶姓商人。在漢武帝試圖擊敗匈奴的「馬邑之謀」中，張遼的先祖參與其中，後來因計謀被匈奴單于識破，未能成功。張遼的先祖沒能完成使命，常被時人埋怨，整個聶氏家族為了能夠過安定的生活，因此改姓了「張」。

張遼在少年時期，便因過人的膽識和勇氣，在雁門郡府中做了一名郡吏。後來因為漢室衰微，董卓作亂，失去依託的張遼不得已在董卓手下做事。等到董卓被殺，他又投奔了當時的勇將呂布。直到呂布被殺，張遼才遇到了真正的明主——曹操。

從一個默默無聞的降將，到「五子良將」之一，再到與曹操共乘一車的高級待遇，張遼之所以成功，靠的是自己的實力和對曹魏集團的耿耿忠心。

【張遼】

作為降將，張遼雖然有傑出的軍事才能，但畢竟不是曹操的嫡系，再加上曹操善猜忌，張遼起初並沒有被重用。他在曹操軍中顯露頭角，是與關羽一起同解白馬之圍。在這場著名的戰役中，張遼作為副將，輔助關羽，一舉擊敗袁紹的大將顏良，使正在官渡苦守的曹操成功逆轉了戰爭不利的局勢，為最後的勝利奠定了基礎。

張遼在此次戰爭中，雖然功勞不及取了顏良首級的關羽，但是他的勇猛、果敢和軍事才能，已經全被曹操看在眼裡。

張遼勇猛過人，但並非是有勇無謀的匹夫。

就在解白馬之圍的第二年，張遼、夏侯淵與昌豨對峙於東海，幾個月過去了，戰事並沒有實質性的進展。這時，曹營的糧草已經不多，再這樣下去，恐怕曹軍撐不了多久，夏侯淵已萌生了撤軍的打算。

然而，張遼卻不同意撤軍，他隻身上山，憑自己的膽識和口才，不動一兵一卒，勸降了昌豨。

這時，曹操已對張遼刮目相看了。

為輔佐曹操稱霸大業，張遼一生幾乎都是在戰爭中度過。他在鄴城攻破袁尚，又在白狼山斬殺了烏桓的蹋頓，遼東的柳毅、淮南的梅成、陳蘭等當世豪傑，也無一不是張遼的手下敗將。

對張遼來說，一名武將盡忠最好的方式，就是替主公拼殺在疆場之上。

建安二十年，曹操南征張魯時，命張遼鎮守合肥。

曹操剛離開不久，東吳十萬軍士就在孫權的率領下進軍合肥。

曹魏眾將紛紛表示要等曹操回來之後再做打算，張遼卻根據形勢，認為面對東吳來勢洶洶的十萬大軍，如果只守不戰，必然會令己方處於被動局面，必須在敵軍初來未定之時，搶先出擊，才能挫敗對方的銳氣，同時也給己方贏得更多的時間。

於是，張遼率八百精兵，披甲持戟，衝入敵陣，直衝到孫權的麾旗之下。這一陣衝殺，嚇得孫權只得轉身逃走。 孫權得知張遼所帶兵士不滿千人，下令士兵圍困張遼，然而張遼並不畏懼，東拼西殺衝了出來。但他不忍自己的部下仍在重圍中，又再次衝殺進東吳軍隊的包圍，救出了自己的部卒。經過幾次衝殺，孫權的人馬已經被張遼的勇猛震懾住了，再沒人敢上前。

　　此戰之後，孫權對張遼的名字十分忌憚。此後十幾年間，張遼始終被曹魏作為威懾孫權的不二人選。張遼也從來沒有讓曹魏失望過，甚至在他晚年生病時，仍帶病出征，大敗東吳的猛將呂範。

　　一生戎馬生涯，讓張遼的健康狀況變得很差，五十四歲時，病逝於江都。

小提示

　　曹操曾評價愛將張遼說：「武力既弘，計略周備，質忠性一，守執節義，每臨戰攻，常為督率，奮強突固，無堅不陷，自援枹鼓，手不知倦。又遣別征，統禦師旅，撫眾則和，奉令無犯，當敵制決，靡有遺失。論功紀用，宜各顯寵。」有勇有謀，又時常親力親為，更難得的是，張遼在曹魏集團效力的大半生中，幾乎沒有吃過敗仗，他的功績，讓後人敬佩不已。

故事 15 有周亞夫之風
——徐晃樊城顯神威

　　徐晃，是三國時期曹魏集團中有名的將領，年輕的時候曾跟隨楊奉，在河東郡做一名郡吏。

　　漢賊董卓被誅殺後，長安城內一片大亂，民不聊生，漢獻帝安危難保。徐晃認為此時應該將漢獻帝送往較為安全的洛陽，以避戰亂，於是他說服楊奉等漢朝殘餘朝官，一路保駕，陪同漢獻帝來到洛陽。

　　因保駕有功，徐晃被漢獻帝封為都亭侯。

　　皇帝雖然暫時安全了，但是時局仍然紛亂不堪，各種勢力之間的權力鬥爭仍在激烈上演。因為楊奉的勢力較弱，如果不在這個時候做出正確的選擇，很可能就會在亂世之中被消滅。

　　此時的徐晃雖然年輕，卻不缺乏審時度勢的眼光，他認為曹操是當世人傑，是一個在將來能有所作為的人，便奉勸楊奉歸順曹操，楊奉聽從了他的建議。

　　楊奉畢竟只是朝廷中普通的官員，政治眼光有限。曹操護送漢獻帝前往許昌時，楊奉經不起韓暹的教唆，突然倒戈，以救駕之名和曹操展開一場註定失敗的較量。

　　徐晃看到楊奉的所作所為，大感失望，便趁此機會投奔了曹操。

　　從此，曹操的陣營中又多了一位忠實的猛將。

　　在投靠曹操之後的數十年間，徐晃跟隨曹操東征西討、南征北戰，經歷

大大小小的戰役無數，不論是曹操以少勝多的官渡之戰，還是對曹操而言是為重要轉捩點的赤壁之戰；不論是征討關中，還是征討漢中，都能見到徐晃的身影。

在多年的征戰生涯中，徐晃每每建奇功，在曹魏諸將中的地位也越來越高，他本人更是以治軍嚴謹著稱，尤其是在樊城一戰，更是被曹操稱讚為「有周亞夫之風」。

關羽水淹七軍後，又不斷誅殺了多名曹魏將領，士氣大增。

此時，征南大將軍曹仁駐守襄陽，大有被圍困之勢，在關羽的緊密攻擊下，捉襟見肘，窮於應付。

這時，徐晃奉命前來援救曹仁。

他深知，自己所率的多是新兵，以這樣的實力，在關羽面前是幾乎沒有勝算的，於是按兵不動，打算等其餘兵馬集結之後，再一起出兵迎敵。因為就在徐晃趕來支援樊城的同時，曹操另派出了十二營的兵士，並將這十二營的指揮權全都交給了徐晃。

為了遏制兵分兩路的關羽軍隊，徐晃採用了聲東擊西的戰術，最終關羽軍隊節節敗退，只能縮回營寨之內。

徐晃見此情景，英勇向前、窮追不捨，緊隨潰敗的關羽殺入蜀漢的陣營之中。蜀漢軍士看到魏軍衝了進來，頓時大亂，徐晃便趁著亂勢，誅殺了蜀漢軍中的多名將領，大敗關羽軍的同時，也解了樊城之圍。

關羽在樊城所修建的營寨十分堅固，不僅周邊有深壕，還有十層的障礙，佈置得極為嚴密。

這種營寨結構，如果在廝殺時，想要從周邊攻破，幾乎沒有半點可能性。然而徐晃卻在戰鬥中臨危不亂，衝入關羽營寨之內，由內而外予以擊破，不可不謂神勇過人。

更厲害的是，亂軍之中，由徐晃指揮的部下在執行軍令時并然有序、絲毫不亂，這也是徐晃的部隊能夠做到敵亂我不亂的原因。

樊城之圍解除後，曹魏諸部聚集在摩陂，接受曹操的檢閱。

為了表彰將領們的功績，曹操特意出營七里，親自去迎接他的凱旋之士。

不少士兵聽到曹操親自前來，紛紛出營圍觀，想要一睹曹丞相的風姿，只有徐晃的部下軍列整齊，一動不動。

曹操看到徐晃的部隊後，不由得稱讚道：「徐將軍真可謂有周亞夫之風！」此後，徐晃便得了一個「曹魏周亞夫」的稱號。

小提示

　　據《三國志》記載：「晃振旅還摩陂，太祖迎晃七里，置酒大會。太祖舉卮酒勸晃，且勞之曰：『全樊、襄陽，將軍之功也。』時諸軍皆集，太祖案行諸營，士卒閒離陳觀，而晃軍營整齊，將士駐陳不動。太祖歎曰：『徐將軍可謂有周亞夫之風矣。』」有史以來，軍紀嚴明是作戰部隊最有利的攻防武器之一，徐晃在樊城之戰中率領的部隊多為新兵、新部，然而正是因為他治軍嚴整，才能使他在衝鋒陷陣時，沒有後顧之憂。

肥馬跑不過瘦馬

故事 16

——世有龐德猶有伯樂

我們都知道，在冷兵器時代，將士們在戰爭中如果有一件得心應手的武器，無疑會給戰力大大加分，再配上一匹駿馬，那便是如虎添翼了。

三國時期有名的寶馬不在少數，比如赤兔馬、的盧馬。這些有名的寶馬長期跟隨主人征戰，和主人之間建立了一種很微妙的情感，這種情感甚至無法用科學解釋清楚。

【劉皇叔馬躍檀溪】

在演義中，蜀漢的關羽在樊城失利之後，又在東吳呂蒙的計謀中失去了荊州，無奈之下敗走麥城。

最後，諸事不順的關羽被東吳所擒，慘遭殺害。

就在關羽大勢已去時，曾跟隨他的許多部將都四散逃走，但他所騎的赤兔馬卻對關羽不離不棄。因為主人的死去，赤兔馬不願順從新主人馬忠，竟絕食而死。劉備的的盧馬也頗為神勇，起初人們都將的盧馬視作不祥之馬，認為不吉利，但在劉備被蔡瑁設計欲相謀害之時，的盧馬載著他飛跳過數丈懸崖，最終使劉皇叔脫離

了險境。

有了這些「神」氣十足的故事在先，人們對馬的關注度也越來越高。但是，並不是所有的好馬都能遇到一個懂得牠的好主人。這就好比一把打磨好的寶劍，一定要拿在同樣處於上等水準的劍客手中，才能發揮出它的威力。

常言說，千里馬常有，而伯樂不常有，就是這個道理。再好的馬，也必須要被伯樂這樣的懂馬之人相中，才能不被埋沒。三國時期的著名將領龐德，就是當時堪稱有伯樂之才的人，他對馬的認識，有自己獨特的一套。

龐德原跟隨馬騰南征北戰，在進攻羌、氐等外族時，立了很大的戰功。

後來，龐德又和馬騰之子馬超並肩作戰，行走於沙場之上。

一次，馬超大破蘇氏塢堡。得勝之後的馬超，自然會好好收拾一下戰利品，一方面在軍中揚自己的威名，另一方面也可以用這些戰利品犒賞三軍將士。

蘇氏塢堡中最出名的便是駿馬，馬超果然在堡中找到了百餘匹良駒，很是高興。他下令，凡軍中大將，誰都可以自行在百餘匹駿馬之中任意挑選一匹。眾將聽說後，紛紛趕往馬廄，競相爭搶那些膘肥體健的駿馬，唯恐自己看中的高頭大馬被別人搶了去。只有大將龐德不慌不忙，一個人靜靜地站在一旁。等到大家都挑到中意的駿馬之後，他才走進馬廄，牽了一匹相貌醜陋、體型瘦小的黑嘴白馬，也不顧別人的嘲笑，牽著這匹瘦馬就走。

眾人所不知道的是，這匹相貌十分不中看的瘦馬，卻是一匹少有的千里良駒，腳程極快，行動迅速，那些看似高大的駿

【中國戲曲中的龐德形象】

馬都跑不過牠。直到龐德騎著這匹馬，再次衝入敵陣時，那些選擇高頭大馬的人才見識到了這匹瘦馬的本事。

這時候，人們才不得不佩服龐德慧眼識珠，都稱讚他有伯樂之才。龐德也因為常騎此白馬馳騁沙場，被人們稱作「白馬將軍」。

小提示

傅玄在《乘輿馬賦》中這樣記載：「馬超破蘇氏塢，塢中有駿馬百餘匹，自超以下懼爭取肥好者。將軍龐德獨取一騧馬，形陋既醜，眾笑之。其後馬超戰於渭南，逸足電發，追不可逮，眾乃服。」龐德正因為有了這匹看似容貌醜陋的馬，才如虎添翼，更是在樊城之戰時，於馬上一箭射中關羽前額，如此大功，自然也少不了這匹瘦弱白馬的功勞。

賠了眼睛輸了兵
——夏侯惇中箭兵敗

曹操手下，有許多身經百戰的著名將領，夏侯惇就是其中驍勇善戰的一員猛將。正是在這些如夏侯惇般勇猛之士的協助下，曹魏大軍才能始終所向披靡，成為魏、蜀、吳三國中實力最強的一國。

【夏侯惇】

夏侯惇身世顯赫，是西漢開國元勳夏侯嬰的後代。在奠定曹操軍事地位的官渡之戰中，為曹軍督運糧草的重要人物夏侯淵是他的族兄。夏侯兄弟二人終生都在曹操麾下效力，是曹操十分得力的大將。

早在東漢末年黃巾軍作亂時，夏侯惇就已經以副將的身分，跟隨曹操舉兵討伐黃巾軍，並且立下了很大的功勳。

隨後不久，董卓進京，夏侯惇再次隨曹操一起討伐董卓。在大大小小的數次戰役中，夏侯惇傑出的軍事才能顯現無遺，得到曹操的賞識。

其實，夏侯惇少年時期就已經以他不凡的氣魄在故鄉聞名。雖然他出

身貴族之家，卻沒有因此沾染到一絲一毫紈絝子弟的息氣，不僅為人謙遜好學，而且十分尊重他的老師。十四歲時，曾跟隨一位老師學習軍事。有人因為嫉妒這位老師的才能，暗地裡出言不遜，用極惡毒的言語侮辱、誹謗夏侯惇的老師。夏侯惇聽說後，十分氣憤，二話不說就拿起自己的佩劍，來到散佈謠言者面前，一劍刺死了他。

夏侯惇的這個舉動，更是讓他以剛烈和勇氣成為街頭巷尾談論的對象。

東漢末年，王室衰微，一時間群雄並起，不管是有財力的還是有能力的，都想在這樣紛亂的時局中求得自己的利益、分一杯羹。

雖然各路人馬總是打著「恢復漢室」的旗號，但說到底他們的戰爭全都是為自己而戰，曹操也不例外。

當時，曹操在與袁術、孫策、劉備等各方勢力相互周旋的同時，又分出一股力量前往征討呂布。

呂布以勇猛著稱，曹操想要一舉殲滅呂布，最要緊的是在自己軍中也找到一位勇猛無畏的大將，「以勇制勇」才能在氣勢上壓倒對方。

經過深思熟慮，曹操覺得以勇猛、剛毅聞名的夏侯惇正是此次征討呂布之戰的不二人選。

作為軍中主帥，夏侯惇始終騎馬走在隊伍的前列。行軍數日後，夏侯惇的大軍與呂布帳下中郎將高順的部隊相遇。

兩軍對壘，一場大戰在所難免。

夏侯惇身先士卒，立即拍馬上前，挺槍便戰。高順也非等閒之輩，看到夏侯惇殺了上來，起身奮力迎敵。

夏侯惇的本領略勝一籌，兩個人激戰了幾十回合後，高順漸漸體力不支敗下陣來。

夏侯惇看到高順逃走，乘勝追擊，緊緊跟在高順馬後。

此時的高順，打又打不過，逃又逃不走，只能圍繞著陣營一圈又一圈狂奔不已，很是狼狽。夏侯惇只顧著追殺高順，一個沒注意，被一支流矢射中了左眼。

這一仗夏侯惇付出了失去左眼的代價，最終也沒能因此勝利。兵敗回到曹營以後，少了一隻左眼的夏侯惇也因此得名「盲夏侯」。

小提示

在《三國演義》中，寫成了曹性射瞎了夏侯惇的左眼。因疼痛大叫的夏侯惇並沒有停止追擊，反而繼續打馬向前，同時以單手拔箭，誰料箭射入太深，在夏侯惇的一拔之下，竟然連整個眼珠都拔了出來。夏侯惇此時已經滿臉是血，當他用僅存的右眼看到那顆被自己拔出的眼珠時，竟然大喝道：「父母精血，不可棄也！」隨即將自己的眼珠吃進了肚子。就在兩軍將士都被夏侯惇此舉深深震懾之際，夏侯惇猛地調轉馬頭，直奔曹性而去，一劍了結他的性命，為自己報了一箭之仇。

就是不怕你
——魯肅單刀赴關羽

故事 18

　　魏、蜀、吳三國鼎立的局面形成後，天下十三個州，曹魏政權占據了九個，北方大部分地區基本上都被曹操控制，實力在三國中是最強的。孫權的實力雖然比不上曹操，但孫氏政權在江東的基業卻由來已久，甚至可以用「根深柢固」四個字形容。三國之中，實力最不穩固的便是劉備。雖然劉備的身分是與漢王室沾親帶故的「皇叔」，血統最為高貴，但這位身分尊貴的皇叔，一開始卻連落腳的地方都沒有。

　　始終以「匡扶漢室」為己任的劉皇叔，雖然有遠大的抱負，但苦於沒有天時地利人和的客觀條件，曾一度無法實現自己的雄心壯志，只能寄人籬下，過著居無定所的日子。

　　直到三顧茅廬，請諸葛亮出山，劉備這才與「人和」挨上了邊。隨後的赤壁之戰，又給劉備帶來了「天時」和「地利」。孫、劉聯軍在赤壁打敗曹軍後，由於東吳主將周瑜此時將精力放在占領江陵，無暇南顧，這就給劉備帶來了一個絕好的機會。他代孫權一舉收復南方四郡，取得了孫權的信任，也使孫、劉聯盟更為緊密地團結在一起。有了東吳的支持，劉皇叔便趁劉琦去世之機自封「荊州牧」，後來又向孫權「借」了荊州。

　　直到這時，劉備才算有了一塊自己的根據地。

　　時間一晃過去了四年，由於時局不斷變化，荊州作為南北樞紐的重要地位愈加明顯了。而此時的劉蜀政權也不再是過去那樣有名無實，其地盤進一步擴大，不僅占得荊州，而且奪取了益州。

孫權眼看著劉備的實力不斷增強，心中十分不悅。雖然孫、劉雙方是結盟的關係，並且為了達到政治目的，孫權還將自己的妹妹嫁給了劉備，但是孫權心裡明白，如果劉備照這個勢頭發展下去，將會對自己造成很大的威脅。

在這種情況下，孫權想向劉備要回「借」給他的荊州。於是他派出了諸葛亮的哥哥諸葛瑾去與劉備斡旋，希望劉備能夠看在諸葛瑾的「面子」上，順利把荊州還給東吳。荊州雖然不是劉備固有的地盤，但對於這樣重要的地區，既然占有了，豈有隨便還回去的道理？但如果不還，又似乎於理不合。這時，劉備便決定採用「拖延」戰術，他對諸葛瑾說，自己不是不願意歸還荊州，只是目前正忙於攻打涼州，無暇分心，只要自己攻取了涼州，立刻將荊州歸還給東吳。

孫權在得知了劉備的意圖之後，大呼其奸詐，看來文的不行，就只能動用武力了。他派出呂蒙、魯肅等大將，準備和劉備一決雌雄。

魯肅雖然不得不聽命領兵，在益陽和關羽形成兩軍對峙的局面，但實際上，魯肅並不想因此和劉備兵戎相見。在面對孫、劉雙方的關係上，魯肅始終堅持雙方聯盟的立場，即使目前的情況已經讓雙方的關係非常緊張了，但魯肅還是希望能夠憑自己的力量，盡量消除彼此之間的矛盾。

於是，魯肅與關羽達成一致，雙方都不動兵馬，只有兩方將軍單獨會面，就荊州問題進行一次會談。

魯肅的部將都不放心他單刀赴會，而身為一介書生的魯肅卻說：「凡事都繞不過一個理字，何況關將軍也是當事英雄，他不會傷害我的。」

待魯肅到了關羽帳中，開門見山地提出了要收回荊州的要求，關羽也毫不示弱，據理力爭。

魯肅料到了對方不願歸還荊州，說道：「當年孫將軍看到劉皇叔沒有棲身之地，出於盟友的情誼將荊州借了出去，現在劉皇叔已經取得了益州，實力也已今非昔比，怎麼還能賴著荊州不給呢？這種做法即便是村野匹夫都不

屑去做的，身為領袖人物，劉皇叔一定也不齒這樣的『無賴』行為。關將軍作為劉皇叔的得力幹將，一定會盡心規勸主公，而不會一味護短。」魯肅的一番話，直說得關羽啞口無言。

就這樣，雖然孫、劉兩軍已經呈現出劍拔弩張之勢，但最終卻因為魯肅的單刀赴會而沒有激烈開戰。

最終雙方協定，以湘水為界，將荊州一分為二，吳蜀兩國的矛盾暫時得到了緩解。

小提示

在後世的演義故事中，魯肅常被塑造成膽小怕事、迂腐木訥的形象，並且在著名的「單刀赴會」故事中，將主角由魯肅換成了關羽。然而，在真實的歷史事件中，魯肅是一個有勇有謀、凡事都能從大局出發，並且能言善辯的政治家。僅從單刀赴會這一件事就可以看出，魯肅為了吳蜀兩國的和平，臨危不懼，以一己之力化解了兩國的矛盾，真可謂智勇雙全。

故事 19

竹林深處的逍遙
——嵇康從容就死

三國兩晉相交之際，社會的動盪格局極為激烈，由於司馬氏和曹氏之間的政治爭鬥日益加劇，導致政壇處於大動亂的狀態，普通百姓的生活受到很大的影響。那些有文化、有頭腦的文士們也無處施展其才華，常常過著朝不保夕的悲慘生活。於是，許多無意於政治爭鬥的文人，過起了隱居生活，畢竟懷才不遇事小，保住項上人頭事大。

「竹林七賢」便是當時這類隱士的代表，他們不論是在文學藝術方面，還是音樂宗教方面，都有著極高的造詣。雖然每個人的思想傾向略有差異，但這並不妨礙他們擁有共同的崇尚虛無縹緲的精神寄託，和清淡、嗜酒、狂放的生活方式。在這七個人中，嵇康被視為精神領袖。

【竹林七賢圖】

嵇康是三國時期魏國著名的音樂家、思想家，他一生狂放，不願在亂世中隨波逐流。雖然身長七尺八寸，容貌氣度不凡，但卻從不注重打扮，後來過起了隱居生活，形象更是不羈，不論是外表還是內心，都只追求一種自我超越的狀態。

有一次，他去深山中採藥，看到漫山遍野綠油油的植物，一

時興起忘記回家，就在山上找尋洞穴住了幾天。等想到要回家時，在下山途中遇到了正在山中砍柴的樵夫，那樵夫看到深山中突然出現一位氣度非凡的人物，竟將其視作天人，放下柴刀就對著嵇康跪拜了起來。

嵇康的氣度常讓當世的許多文人、隱士都對他讚賞有加，希望能和他交朋友，但是嵇康性格狂放，從不曾因為別人的追捧改變自己的原則。著名隱士孫登曾和嵇康一起出遊，一路上嵇康很少說話，並不因為孫登在旁就刻意去迎合搭訕。兩人分開時，孫登意味深長地對嵇康說：「閣下的性格太過剛烈自我，在當今世上，這樣的性格難免會遭遇禍患啊！」嵇康雖然知道孫登的忠告是為他好，但仍然不改本性，自顧自地過著逍遙快樂的隱居生活。

沒想到過了不久，孫登所擔憂的事情發生了。

因為嵇康的名氣很大，除了文人雅士之外，許多當權者也希望能與他結交，鐘會便是其中一位。此時的鐘會，深得司馬昭的信任，在政壇青雲直上。此外，鐘會個人的文化修養也極高，不僅文章寫得好，而且寫一手好字，是有名的書法家。這樣一位能文能武的人物，對嵇康心生仰慕，自然也就在情理之中了。

一天，鐘會特意前來拜訪嵇康，嵇康正在院子裡親自煉鐵，對鐘會的到訪視而不見，一句話都沒有說。

鐘會在嵇康旁邊站了很久，見嵇康連眼皮都不抬一下，覺得很沒面子，便懷恨在心，此後總想找個機會整治嵇康。

嵇康有個叫做呂安的朋友，因為他的哥哥呂巽看到弟媳貌美，便動了歹念，呂安得知後便要去狀告哥哥。嵇康和呂氏兄弟都有交情，便勸呂安息事寧人，不要將家醜張揚出去，沒想到呂巽卻先發制人，以不孝的罪名誣告呂安。

得知此事後嵇康大為惱怒，立即出面為呂安作證。這件事讓曾被嵇康冷落的鐘會知道了，便從中作梗，讓當局判了嵇康死罪。

行刑這一天，刑場人頭攢動，三千名太學生集體向當權者請願，要求赦免嵇康。許多群眾也自發來到刑場，希望能目睹這位一代名士最後的風采。

即將走到生命盡頭的嵇康，沒有一絲慌亂，他從哥哥嵇喜手中接過自己的琴，坐在刑場正中，神色自若地彈起了那首著名的《廣陵散》，就像平時在家中彈琴一樣。

一曲彈畢，嵇康將琴收好，環顧四周，淡淡地說：「從前，袁准想要跟我學習《廣陵散》，我沒有教他，如今這首絕世好曲就要失傳了，真是可惜！」

說完，嵇康從容走到行刑台前就戮。

在場的人無不被他的氣魄所打動。

【嵇康】

小提示

　　事實上，僅憑鐘會是殺不了嵇康的。嵇康被害的最主要原因，是他長期蔑視權貴，不與當局合作的態度，引來了當權者的不滿。嵇康是三國曹魏宗親，社會影響力很大，司馬氏在與曹氏的爭鬥中，不斷排除異己，對於嵇康這樣一呼百應的大人物，都是要想方設法除掉，因此嵇康的死是不可避免的。

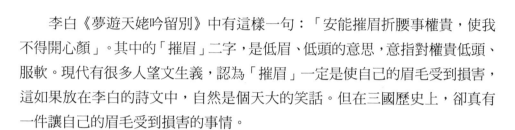

故事 20

沒了眉毛沒了命
——王粲不聽醫者話

　　李白《夢遊天姥吟留別》中有這樣一句：「安能摧眉折腰事權貴，使我不得開心顏」。其中的「摧眉」二字，是低眉、低頭的意思，意指對權貴低頭、服軟。現代有很多人望文生義，認為「摧眉」一定是使自己的眉毛受到損害，這如果放在李白的詩文中，自然是個天大的笑話。但在三國歷史上，卻真有一件讓自己的眉毛受到損害的事情。

　　這件事的主人公是大名鼎鼎的王粲，他最終不僅眉毛脫落，並且還因此喪了命。

　　三國前後，雖然社會動盪、政局不穩，但整個社會風氣和文壇動向卻是從未有過的開放時代，不僅有「竹林七賢」這樣的高士，也有「建安七子」這樣的文壇巨擘，王粲就是建安七子之一，他在詩、賦方面的成就為七子之冠。

　　王粲出生於達官貴族之家，他的曾祖父和祖父都曾位列漢朝三公，他的父親王謙，也曾擔任過大官。在這樣的家庭中長大，王粲的才學自然也非常人可比，據說他幼時就天賦異稟，有過目不忘的能力。等到他年紀稍長，便得到了當時著名思想家、左中郎將蔡邕的賞識。

　　一次，王粲前去拜訪蔡邕，蔡邕非常高興，急忙出門迎接，由於太過匆忙，連鞋子都穿反了。

　　在場賓客見到這番情形，以為來訪的一定是位了不起的大人物，誰料進門的卻是一位年紀輕輕、身材矮小的少年郎，大家都感到十分驚奇。此時卻

聽蔡邕說道：「這位是司空王公的孫子，實屬當世奇才，別看他年紀小，我的才能尚在他之下。我家裡的所有藏書，應該盡歸王粲所有啊！」

世事難兩全，這樣一位才華橫溢的大文豪，身體卻非常差。二十多歲的時候，一次在洛陽遇到醫聖張仲景。張神醫在與王粲隨意攀談了幾句之後，憑著自己多年行醫的經驗，看出王粲身體較弱，恐怕是患有一種可怕的慢性疾病。出於醫者的本分，張仲景給王粲開了一劑「五石湯」，叫他一定要按時服用。

王粲對醫聖的勸告不以為然，認為自己雖然身體較弱，但都是些小毛病，只要注意休養就不會有什麼問題，況且大丈夫應該多考慮建功立業的事，怎麼能年紀輕輕就和藥罐子打交道呢。

過了些時日，張仲景再次遇到王粲，便問他服藥的情況，王粲隨口說已服過藥。

張仲景僅從面色就看出王粲所言並非事實，只見他嘆著氣說：「你已經患了嚴重的病，如果從現在加以控制，情況會有所好轉，但如果你一意孤行的話，等你到了四十歲，眉毛就會慢慢脫落，再過半年左右，恐怕性命不保啊！」王粲知道張仲景醫術非凡，但再神奇能預測二十年後的病症嗎？何況他也沒有給自己做什麼特殊的診斷，因此王粲還是沒有把醫聖的話放在心上。

後來，王粲跟隨曹操四處征戰，地位日漸顯赫，然而他的身體卻越來越差。等到了四十歲那年，果然開始掉眉毛，王粲這時才想起張仲景的那一席話，但為時已晚，半年後就過世了。

一位文壇巨匠只因為不遵醫囑，死在眉毛這樣的「小」事上。

小提示

　　《黃帝內經》有云：「美眉者，足太陽之脈，氣血多；惡眉者，氣血少。」眉毛的疏密程度，直接和腎氣是否充沛有關，張仲景因為高超的醫術，一望便知王粲的身體情況，這也不得不說中華醫術的高深。王粲不聽醫囑的故事，雖然常被人們當成諱疾忌醫的例證，但這樣一位難得人才的早逝，也成為中國文壇上的一大遺憾。

出師一表留重擔
——董允擔起託孤大任

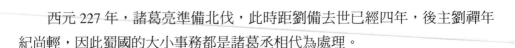

西元 227 年，諸葛亮準備北伐，此時距劉備去世已經四年，後主劉禪年紀尚輕，因此蜀國的大小事務都是諸葛丞相代為處理。

北伐的計畫制定下來後，諸葛亮最為擔心的問題，並不是此次北伐是否能夠成功，而是擔心他離開漢中之後，後主劉禪是不是能夠在沒有他輔佐之下，平平安安等到他回來。

畢竟後主資歷尚淺，而時局又那麼複雜，想要在一夕之間讓他成為一名政治高手，完全是不可能實現的。

諸葛亮面對內部問題憂心忡忡，但是北伐的計畫又不能不實施。

北伐，雖然在外界看起來是把矛頭對準曹魏政權，延續的戰爭路線依然是劉皇叔在世時始終堅決貫徹的「匡復漢室」旗號，但諸葛亮心裡很清楚，大漢王朝已經滅亡了。

魏蜀吳三國的領導者此時都已經相繼稱帝，各自占據一方，想著消滅另外兩股勢力，使自己成為中原新主人，所謂的「漢朝基業」無非是給自己一個好聽的名號罷了。

蜀國自劉備去世後，實力已大不如前。那些蜀中舊臣，雖表面仍然歸順，但各有各的打算，因為諸葛亮的治國方略和朝中地位，暫時還可以震懾住，但是如果諸葛亮離開了，難免會有一些犯上作亂的狀況出現。

諸葛亮這次選擇北伐，實際上也是希望藉對外戰爭的方式，來轉移蜀國

各階層的目光，暫緩內部矛盾。因此，北伐是不得不的計畫。

由此看來，既要北伐，又要穩定蜀國政局，非得找到一個可靠的忠臣，在諸葛亮離開漢中時，代替他輔佐後主劉禪。

諸葛亮想來想去，覺得黃門侍郎董允是最合適的人選。

董允為人秉正、忠厚、清廉，與諸葛亮共事多年，深得諸葛亮的信賴，並且在劉禪被立為太子後，就始終以宮中舍人、侍從官的身分陪同在劉禪左右，對劉禪的性格和習慣可以說是瞭若指掌。

諸葛亮認為以董允的能力和朝中地位，可以盡到匡扶君主、保持蜀漢後方穩定的職責。於是，諸葛亮任命董允擔任侍中一職，還將統領宮中衛兵的重任也一併交給了董允。

這就使董允既在文官層面有了很高的地位，又手握兵權。如果把這樣重要的職位交給別人，思慮過重的諸葛亮實在很難放心，但是董允完全可以讓他沒有後顧之憂。事實上，董允也確實沒有讓諸葛亮失望。

由於諸葛亮的身分特殊，威信極高，劉禪即位後對他又敬又怕，很多事情都不敢做主。這下諸葛亮帶軍北伐，劉禪正想放開手腳大玩特玩，誰知董允仍無時無刻盯在他的身後。

劉禪喜好美女、音樂，終日在後宮中宴飲玩樂，還想在民間挑選絕色美女，董允知道劉禪的心思之後，非常嚴厲地對他說：「現在，您的嬪妃已經很多了，不應該再增加。」劉禪知道董允說得有道理，只得作罷。

宮中有宦官黃皓想要升官，便投劉禪所好，極盡諂媚之能事。董允知道後，一邊怒罵黃皓誤主，一邊向劉禪進言，希望他遠離小人，以國家大事為重。

在董允不斷的勸諫下，蜀漢政權在諸葛亮北伐時，仍能保持與諸葛亮在漢中時一樣的執政水準，劉禪也沒有任何離譜的舉動，這不僅證明了諸葛亮

看人的眼光，也表現出董允傑出的政治才能和忠於國家的品性。

奇謀「造王者」
──智囊董昭助曹魏

　　曹操和劉備、孫權相比，出身最為卑微，是一個宦官養子的後人，但是曹操的政治成就卻遠遠高於劉備和孫權，這是因為他那著名的「挾天子以令諸侯」的主張，讓他占據了政治上的優勢。

　　東漢末年，漢王室有名無實，但畢竟天子還在，雖然以漢獻帝的年齡和勢力而言，漢王室衰微的局面不會有任何轉盛的跡象，但是天子的名號依然可以發揮號召天下的作用。

　　孔子曾說：「名不正，則言不順；言不順，則事不成。」名正言順是中國古代最重要的思想基礎之一，曹操也深知這一道理。所以，在他的謀士毛玠、荀彧等人為他提出這一重要思想規劃後，曹操便為這一戰略主張的實現做出了多方面的努力，而真正促成曹操集團實現這一主張的人物是董昭。

　　董昭原在袁紹帳下效力，後來袁紹聽信讒言疏遠了他，甚至想要治他的罪。於是，董昭出逃，到達河內時，留在張楊的軍中。這時，正逢曹操想要借道河內去覲見漢獻帝，張楊起初不肯讓路，作為謀士的董昭，幫張楊分析了曹操的實力。他指出，曹操現在雖然實力較為弱小，並且看似與袁紹聯合，但是以曹操的才幹，絕不會長久居於人下，遲早有一天會飛黃騰達，應該趁著這個機會和曹操結交。

　　張楊覺得董昭言之有理，並且代曹操向朝廷通報，對自己也沒有任何損失，最後同意了。

　　董昭這次和張楊的對話，雖然處處是為張楊著想，但實際上是他已看出

曹操是當世了不起的英雄，才會做此分析。

隨後不久，在楊奉的斡旋下，曹操被封為鎮東大將軍，這可以讓他自由出入朝廷。在漢獻帝從安邑到達洛陽之後，曹操再次前往朝廷觀見漢獻帝，因為賞識董昭的才能，曹操在此行前，特意找到董昭商量對策，希望在他那裡得到一些指點。

董昭先從當時的局勢說起，他認為曹操雖然集結了誅殺亂臣賊子的義軍，並且得到了四方有識之士的回應，但在這樣的亂世裡，義軍中的各個將領可謂心懷鬼胎，未必真心跟隨曹操。只有請聖駕移至許縣，以皇帝的名義行事，那麼，曹操再有任何舉措，都可以做到師出有名了。

董昭的建議正好與曹操心中「挾天子以令諸侯」的想法不謀而合，但是與許縣相鄰的梁縣，有楊奉的重兵把守，曹操如果這樣做，恐怕楊奉會出面阻止。

這樣顯而易見的問題，董昭自然早就想到了，於是他對曹操說出了他計畫好的下一步棋。董昭說，楊奉曾為曹操封為鎮東大將軍出過力，現在可以派使者為他送去厚禮表示感謝，令他放鬆對曹操的警惕。其次，洛陽城內因為董卓之亂，已經絲毫沒有都城的樣子，城池破敗，缺糧少民，可以說出於對聖上安危的考慮，將聖駕移至較為富裕的魯陽，而魯陽離許縣很近，下一步再到許縣就很容易了。曹操聽到此計拍手稱快，於是依計行事。

楊奉為人雖然勇猛，但是缺少智謀，他看到曹操的一連串行動，只覺得曹操是大大的忠誠，沒有任何防範。等到漢獻帝移駕到許縣之後，楊奉才發現事情不妙，再調動人馬前來阻止為時已晚。

就這樣，董昭利用自己的智慧，幫助曹操完成了「挾天子以令諸侯」的政治主張，為後期的勝利奠定了基礎。

小提示

　　陳壽曾在《三國志》說：「程昱、郭嘉、董昭、劉曄、蔣濟才策謀略，世之奇士，雖清治德業，殊於荀攸，而籌畫所料，是其倫也。」董昭之才，讓他能夠在紛亂的時局中，擁有超出常人的非凡眼光。他清楚社會的發展趨勢，看到漢室必亡的結局，所以一直為曹魏效力，這也是他與荀彧等其他曹魏謀士不同之處。荀彧等人雖然也不遺餘力地為曹魏出謀劃策，但他們的出發點還是希望透過曹操恢復漢室，對漢王朝始終是有所期待的，而董昭卻能看到不可逆轉的歷史進程，這也是唯獨董昭得以善終的原因所在。

曹魏第一接班人
——曹沖早逝成遺憾

曹沖為曹操庶子，字倉舒，不僅長相俊美，小小年紀就有了成年人一樣的智慧，五六歲就有稱象的典故流傳古今。他的聰明才智有目共睹，是三國時期有名的神童。

曹沖是曹操小妾環夫人所生，也許這樣的出身讓他宅心仁厚，能體恤常人之疾苦。

一次，曹操的馬鞍放在倉庫裡被老鼠咬壞了，庫吏嚇得要死，不知該如何是好。曹沖知道後，用刀把自己的單衣弄得像老鼠咬壞的一樣。曹操見自己的寶貝兒子一臉愁容，原因只是單衣被老鼠咬壞，害怕自己會不吉利，緊接著，庫吏就來彙報馬鞍被老鼠咬壞了，曹操會心一笑：「我兒子的單衣就在身邊都被咬了，何況是掛在柱子上的馬鞍呢？」就這樣，庫吏逃過一劫。

除了庫吏，曹沖還憑藉自己過人的思維能力，對自己的父王曉以微理，救下幾十人。

雖然只是一些小事，曹沖的有勇有謀卻得到了曹操的賞識。

一棵好苗不僅要自身天賦好，更需要好好栽培。於是，曹操委任司馬懿做曹沖的老師，讓他好好培養曹沖，這樣明顯的用意不外乎是想立曹沖做世子。但司馬懿卻一再推辭，他想選個自己能駕馭得了、又能利用的人輔佐，自己玩不過曹沖，宏圖大業不就死在襁褓裡了嗎？雖然曹沖為庶出，但同樣出身不好的曹操並不介意，而環夫人也深得曹操寵愛。曹操多次在眾臣面前

表示有意棄長立幼傳位給曹沖，對曹沖的喜愛表露無疑。幕僚們看到曹沖被立為世子的勝算大，擁護他的自然也就多起來。

這樣一來，曹沖既得君心又得民心，前程一片大好。

可是危機也慢慢地接近了。曹操兒子眾多，他偏偏只寵愛曹沖一人，其他兒子沒有嫉妒是不可能的。有希望立世子的幾個人更是把曹沖當成眼中釘、肉中刺，尤其是奸險狠毒的曹丕欲除之而後快。也許是因為曹沖鋒芒畢露引來殺身之禍，也可能是天妒英才，曹沖十三歲時病重不治身亡。曹沖去世那年冬天，正好是赤壁之戰（西元 208 年），曹操還沒從痛失愛子的陰霾中走出就跨馬南征，結果迎來自己人生中的第一次大敗。

一個神童的傳奇就這樣戛然而止，悲慟遺憾的肯定有摯愛他的父親。曹操對寬慰自己的曹丕說：「這是我的不幸，又是你們的大幸啊！」曹丕尷尬以對。從曹操的話中可以看出，曹沖如果不是早逝，是很有機會繼承曹操的。後來，曹操還殺掉另一個叫周不疑的神童以絕後患。曹丕想要留下周不疑輔佐自己，但為周求情卻被曹操怒斥：「如果曹沖在還好，周不疑不是你這樣的人能駕馭的！」曹丕即位後，也常自嘲：「如果曹沖在，天下就不會是我的。」

曹沖雖然聰明，但聰明反被聰明誤，不懂大智若愚，不懂韜光養晦，太過耀眼。而曹沖的死，曹操也要負責任。如果不是他對曹沖明顯的偏愛和重視，「曹二代」敵視的目光也不會這麼快聚焦到曹沖身上。憑藉曹沖的智慧，父子二人聯手合謀打天下，統一三國恐怕不是問題，更沒有後來司馬懿篡權這一說了。

　　著有《聞見後錄》的宋代作家邵博曾說:「魏武之子倉舒,十三而存,則漢之存亡雖未可知,必不至於殺荀文若輩矣。則夫之壽天,所系者可勝言耶。」從江山定局來看,如果曹沖沒有天折,而是順利繼承了曹操之位,中國歷史的軌跡說不定會朝著另一個方向發展。從小的方面來看,像荀文若這樣的能人謀士,也不會因為心智謀略高於其他「曹二代」,而被曹操所殺了。

男人也是水做的
——曹丕以哭占先機

很多人對曹操這樣的梟雄式人物讚不絕口，也有人對「七步成詩」的曹植心生敬佩，但是多數人對於魏文帝曹丕卻瞭解不多。

畢竟在「三曹」中，他的成就與才氣都顯得比較中庸，既不像曹操權傾一時，又不如曹植才高八斗，但就是這麼一個看似中庸的人，卻能從曹操二十幾個兒子中脫穎而出，順利繼承王位，所用的絕招就是哭。

哭，堪稱古往今來政治作秀的必殺技之一，劉邦三哭祭項羽，王莽泣涕侍疾王鳳，哭得恰逢其時能夠哭來仁義名聲和權勢地位。而曹丕作為一個寫文章都理性克制的人，卻用哭來表達情感，其實也是被自己的胞弟曹植逼的。因為曹植實在太有才了，詩文辭賦華章溢彩，才氣名聲聞達九州，都讓身為長子的曹丕相形失色。按照嫡長子繼承制，曹丕本可以穩坐釣魚臺的，但是父親曹操久不立儲，加上他屬意曹植繼位的種種跡象，一度讓曹丕惶惑自疑，他甚至還請過一個相面

【魏文帝曹丕】

高人相看自己的命格和年壽。

　　好在作為一個政治 EQ 不低的人，曹丕頂住了重重壓力。你跟我談文學，我就跟你講政治；你給我看才華，我就向你秀感情。他一方面與曹操身邊的謀士搞好關係，在曹操面前大賣「好感度」，另一方面廣納能人賢才，為自己出謀劃策。最終憑藉打感情牌的「哭戲」，擊敗了聖眷濃厚的才氣小王子曹植。

　　有一次，魏王曹操出征，曹丕和曹植都來給他送行，按照慣例，送行的人都會說幾句話來表達對遠行出征之人的不捨和祝福。曹植當場出口成章，洋洋灑灑地讚頌曹操功德，華詞麗藻，抑揚頓挫，讓隨行人員歎為觀止，曹操也聽得心情愉悅。一片祥和融洽的氣氛中，曹丕心情沉重，因為曹植在文武百官面前先聲奪人，極盡文采，分明是沒給自己留活路，自己說什麼都成了曹植的陪襯了。正當曹丕暗自惆悵的時候，他的謀士吳質不動聲色地靠過來，在他耳邊說了一句：「魏王出發的時候，您痛哭流涕就行了。」於是，等到曹操辭別眾人，打馬準備出發的時候，曹丕涕淚橫流地拜別，曹操和一眾人員都唏噓不已，這才是父子情深啊！曹植雖然口吐華章，但不見得有誠心，但你看曹丕哭得那麼傷心，這才是一個兒子捨不得父親的真情流露。曹丕一哭瞬間將形勢逆轉，奪得了先機。

　　其實，早在曹丕還是五官中郎將的時候，他就在曹操的心腹謀士賈詡的提示下，制定了「打感情牌」這一策略。當時，憂心自己地位的曹丕曾派人就「自固之術」請教曹操身邊的大紅人賈詡，賈詡指點他說：「只要您重視道德與法度，親建士人功業，堅持每天勤學奮發，不違背身為人子的道義就行了。」曹丕聽從了賈詡的話，暗自修煉自身，這其實也是一種姿態：看，我都按您老的意見做了，咱們情分可不一樣，您可得多在我爹面前替我美言幾句。

　　果不其然，這個拉近距離的感情牌奏效了。後來，曹操和賈詡有過一次

關鍵性的秘密談話，曹操就立儲的問題詢問賈詡意見，賈詡這個老油條只是嘿嘿笑著沒答話。曹操就納悶了，我跟你討論嚴肅的事情，你傻笑著不答話是什麼意思？賈詡就說，我剛才因為你那個問題有感而發，所以沒有立刻回答。曹操當然會順著問，你想什麼呢？正中下懷，賈詡說，我想袁本初和劉景升父子呢。袁紹和劉表都是因為廢長立幼，導致辛苦打下的基業毀於一旦。賈詡對立儲的意見昭然若揭，聰明的人就是會說話，一句話間接反對廢長立幼又不得罪人，還援用了實例來證明自己的觀點，一針見血，言簡意賅。

曹操聽了大笑，將曹丕立為太子。

就這樣，曹丕又一次因為感情牌的勝利成為大贏家。

雖然很多人認為曹丕「矯情自飾」愛作秀，但《短歌行》中的哀思懷念之情是毋庸置疑的。「其物如故，其人不存」的泣涕詠歎也算是他「哭」得有始有終吧。

小提示

魏文帝曹丕在政治方面表現得中規中矩，卻在文學上頗有建樹，他曾寫下《燕歌行》等中國較早的優秀七言詩，還撰寫了《典論論文》，在中國文學批評史上擁有重要地位。但正如劉勰《文心雕龍》所述，「文帝以位尊減才，思王以勢窘益價」，人們心目中的天平總會有所傾斜，才氣斐然卻奪位失敗的曹植無疑被視為值得同情的人物。人們對曹丕、曹植二人的高下看法是仁者見仁，智者見智。

都是喝酒惹的禍
——曹植的太子之爭

　　曹操最聰明的兒子曹沖早早過世以後，曹操又要開始考慮該選哪個兒子當自己的接班人了。

　　不過，在曹操眾多的兒子當中，實際上的候選人只有曹丕和曹植這兩兄弟。

　　在當時，曹丕雖然是長子，可曹操並不奉行嫡長子繼承制，這也就給了曹植競爭繼承人的機會，而曹植因為文采出眾，名氣要比曹丕大很多，因此曹操傾向立曹植做自己的繼承人。

　　可是，本來已經占據優勢的曹植自己卻不爭氣。曹丕因為比不過弟弟曹植，所以費盡心思廣結良臣，幫助自己博取寵愛，曹植非但沒有警醒，反而為所欲為，絲毫不考慮後果。

　　西元 208 年，對於曹操而言無疑是人生最難過的一年。先是五月份愛子曹沖病故，接著又碰上十二月在赤壁大敗。家庭、事業雙雙出了問題，曹操不由得急火攻心，畢竟曹操曾當眾表示看好曹沖做自己的接班人，也自信赤壁之戰一定能夠拿下江東，誰知卻是賠了兒子又折兵。

　　曹丕倒是會看機會，知道曹操傷心，於是裝模作樣地跑到曹操面前寫祭文哀歎：「如何昊天，雕斯俊英？嗚呼哀哉，惟人之生，忽若朝露。」翻譯成白話就是：「老天爺呀，為何讓我的俊才弟弟過早凋零？他的生命像朝露一樣短暫。」曹丕這番作秀哪裡逃得過曹操的眼睛，正趕上曹操心情不好，便直接對曹丕說：「此我之不幸，而汝曹之幸也。」曹丕惹得曹操不滿，自

己碰了一鼻子灰，自然就給了曹植機會。而曹植外露的性格也十分討曹操歡喜，不過，曹操喜歡曹植歸喜歡，但他也瞭解曹植自身的壞毛病，擔心曹植因為「任性而行，飲酒不節」鬧出事來。於是，曹操特地囑咐曹植，喝酒可以，但不要不加節制。誰知曹植在曹操面前答應得很好，離開後就把曹操的話忘了個乾乾淨淨。

時值六十歲的曹操南下攻打孫權，就將鄴城內的大權交給曹植，既想趁機鍛練曹植，也是向群臣表示對曹植的看重。不過，曹植畢竟剛滿二十三歲，還是年輕氣盛的年紀，曹操雖然器重曹植，但也十分擔心曹植把這事辦砸了，於是在臨走之前對曹植千叮嚀萬囑咐，還留了書信說：「我二十三歲時，因堅決維護首都治安，得罪高幹子弟，因此被貶到地方當縣長，但是我為我的青春無怨無悔。你也二十三歲了，但願你好好幹，給自己一個無怨無悔的青春。」其實，曹植的任務本來沒有多難，可曹操卻如此掛心，可見他對曹植的看重和疼愛。

然而，這件簡單的事情還是被曹植辦砸了。

曹操剛率軍離開，沒了管束，終於自由的曹植立即找來朋友飲酒高歌。酒過三巡，曹植也忘了曹操曾經囑咐不要喝醉的話，竟然一杯接著一杯毫不節制。曹植喝了個痛快，又想要出去走走，就坐著馬車來到大街

【顧愷之《洛神賦圖》中的曹植全身像】

上。當時曹植已經是鄴城內最高權力者，他坐著馬車，心情十分暢快，一路的橫衝直撞，竟然衝到只有國家最高領導人行駛的道路——馳道，衝撞了只有國家最高領導人才能出入的大門——司馬門。

曹操本來讓曹植管理鄴城，誰知曹植非但沒當好領導人，還鬧出了這麼一件事，這讓曹操大失所望。

隨著曹植在曹操心目中失寵，曹丕的機會又到了。當曹丕知道曹操重新開始考慮自己做接班人以後，他再也沒有鬆開這個機會，就這樣，曹植把自己從太子之爭中給淘汰了。

小提示

　　曹操後來又曾將曹植封為征虜將軍，催促他南下救樊城，還特地囑咐過曹植不要喝酒，可曹植在臨行前卻碰上曹丕為他以酒送行，致使曹植醉酒誤事。後來曹丕即位，而曹植在餘生中，又多次被遷封，最後的封地在陳郡，故後人稱之為「陳王」或「陳思王」。

夜劫新娘
——袁紹和曹操的年少輕狂

故事 26

　　西元 200 年，恰好也是曹操和袁紹於官渡決戰之際，只因為許攸的叛變，使袁紹的十萬大軍落得一敗塗地，而袁紹也因此吐血而亡。袁紹垮掉之後，曹操則繼續率兵攻打袁紹的兒子們，直到攻破鄴城。

　　然而，在官渡之戰前，曹操和袁紹卻有一段兒時一起遊戲作伴的經歷。兩個少年時期的夥伴最終要在戰場上刀槍相見，可能是亂世的身不由己，當然也有可能是這兩位玩伴在一起遊戲的時候結下了仇怨。

　　不過，曹操和袁紹都還年少的時候，兩個人都沒有沾上政治，都過著放蕩不羈、無憂無慮的逍遙日子。

　　一天，曹操和袁紹聽到有人家要娶老婆，於是無聊的兩個人就說一起去看看娶新娘的過程。誰知，這兩人剛見到新娘卻不約而同地起了劫走新娘的心思。

　　兩個人稍微計畫了一下，當夜這兩個官二代就潛進了主人家的莊園裡。按照事前約定好的計畫，當袁紹混進新娘所在的房間附近後，曹操就在另一邊大喊：「有賊來了！」莊園裡的人聽見曹操的呼聲，顧不得是真是假就都朝著曹操喊叫的方向跑去。趁著眾人忙抓賊的時候，曹操順利地跑到新娘房間，拿著刀劫持了新娘。

　　曹操劫走新娘之後，立即跑出來和袁紹會和，就這樣兩個人帶著新娘逃了出去。

可就在曹操和袁紹拼命逃跑時，莊園裡的人卻已經反應過來而追上來，慌亂之中，這兩個人竟然在黑夜裡迷了路。

曹操和袁紹本來已經走投無路，碰巧的是袁紹又不小心掉到荊棘叢中。眼見四面荊棘包圍著自己，加上本來就已經筋疲力盡，袁紹這回可是一點也跑不動了。曹操這個時候終於露出了「損友」的一面，眼見袁紹落難，曹操非但沒有救袁紹從荊棘叢中出來，反而為了自己脫身，對著追來的人們又是一聲大喊：「賊就在這裡！」說完，沒等袁紹反應過來，曹操就自己逃跑了。

困在荊棘地裡的袁紹眼見火把越來越近，情急之下也顧不得疼痛，傷痕累累地逃了出去。

夜劫新娘這件事雖然有驚無險，可從此以後也破壞了袁紹和曹操的友情。官渡之戰袁紹失敗，輸給曹操的再也不是被荊棘刺破皮肉的問題，這次袁紹輸掉的可是自己的性命。

小提示

曹操在戰爭勝利後，素來有把別人老婆納為小妾的習慣，可當曹操攻進鄴城的時候，雖然也俘虜了袁紹的老婆劉氏以及袁紹二兒子袁熙的老婆甄氏。但曹操並沒有將劉氏納入自己的門庭，也許這也是曹操對於袁紹年輕時相交相伴的懷念，心中尚有「朋友妻不可欺」的想法也說不定呢！

故事 27

位高權重的盜墓賊
——董卓的特殊癖好

那些位高權重、名揚一時的達官貴人，要是誰沒點獨特愛好，可能都不好意思說自己與眾不同，可董卓的愛好卻著實特殊了一點——盜墓，想來也和他本身變態的個性有關。

可董卓盜墓並不是他自己一個人的事，他既然有權有勢，自然要為自己的愛好大開方便之門，所以他為了盜墓甚至組建專業的盜墓團隊，也沒什麼好令人驚訝的。

有了財力和人力，董卓的盜墓團隊規模很快就擴大了起來。在董卓領導盜墓團隊期間，基本上西漢和東漢的王陵都被他打開過，可見董卓對盜墓事業有多專注了。

說到董卓盜墓，起因還得從他的小孫女生病說起。

西元 184 年，正當董卓事業扶搖直上的時候，他最疼愛的孫女董白突然

【奸臣董卓】

患了怪病，一覺醒來，直接成了啞巴，無論看過多少醫生，都對董白的病情束手無策，這下可急壞了董卓。董卓對聰明伶俐的孫女可謂疼愛萬分，在董白十歲的時候就將她封為渭陽君，可眼前卻沒一個名醫能醫治董白。

就在大家萬念俱灰的時候，突然有個姓李的御醫對董卓說：「這個病並不是不能治，只不過是難以尋找藥材。」

董卓一聽還有希望，便詢問什麼藥材能夠醫治他的孫女。

御醫回答：「五毒靈芝草。」

這個五毒靈芝草原本就很少有人聽過，而知道這個神藥的醫生卻沒人見過傳說的五毒靈芝草。只知道此草通體皆白，生長在百年以上的古墓中，不能見光，見光即死，藥效也會失靈。

董卓抱著一線希望，全力尋找這傳說中的五毒靈芝草。最開始，董卓打起了漢武帝劉徹墓地的主意。劉徹被葬在茂陵，當董卓提出要挖劉徹的墓地時，著名文學家蔡邕急忙前去攔阻：「先帝的陵墓你也敢打主意！豈不是禽獸不如嗎？」

董卓雖然一直為所欲為，可畢竟這種大不敬的事情也不好明目張膽地做，於是他起了一個念頭——盜墓。

很快，董卓就組織好了盜墓團隊，有了專業人士，又有董卓在朝廷做後盾，劉徹的墓地被打開已經是無可挽回的事實了。

然而，茂陵被打開以後，並沒有發現傳說中的五毒靈芝草。不過皇陵中陪葬的金銀珠寶卻令董卓大開眼界，此時又恰好趕上董卓和黃巾軍交戰，軍費開銷十分巨大，眼見墓中的金銀珠寶，董卓想著既然墓已經開了，索性不拿白不拿，於是真正開始了盜墓。

有了這第一次的盜墓經歷，大筆金銀財寶不費吹灰之力就成了董卓的私人財產，且還是漢武帝劉徹的陪葬品，這下可讓董卓上癮了。接下來，董卓

又將目光投向其他漢室皇帝的墓地，終於，董卓盜墓演變到了一發不可收拾的地步。

每每挖開一座墓地，董卓都會大肆搜刮，當然他也沒有忘記尋找五毒靈芝草。直到董卓打開漢高祖劉邦長陵墓地那天，不僅挖出了大筆的稀世珍寶，還讓他找到了那傳說中的五毒靈芝草。

小提示

據說，當董卓和隨行的士兵看到長陵墓中的珍寶，個個目瞪口呆的時候，忽然吹過一陣陰風，隨後墓中就陷入了黑暗。等到火把重新點燃，隨行的盜墓高手時仁夫卻莫名其妙地頭疼起來，嚇得時仁夫跑出了墓外。後來，在時仁夫身上竟然出現一卷黃絹，上面寫著「千里草，何青青，十日蔔，不得生。」董卓擔心日後會有報應，便命人將墓中寶物原物放回，重新封好了墓地。其實，這黃絹是蔡邕事先寫好，讓一個士兵趁機放到時仁夫的身上，這才保住了長陵。

東家奔，西家走
——呂布的選擇恐懼症

說到三國神誰的武力最高，大家都會先想到呂布。可這呂布空有一身好本領，卻沒有一個能與其匹配的頭腦，最後霸業未成身先死。

呂布一開始認並州刺史丁原做義父，丁原對呂布很不錯，不僅任命他為騎都尉，而且對他十分欣賞。可後來出現了一個董卓。董卓看出了呂布是一個本領不凡的人，加上董卓四處作惡，招惹了太多敵人，需要一個誰也不敢惹的保鏢，於是董卓就有了將呂布招到自己身邊的念頭。

【 三國第一勇將呂布 】

按說呂布和丁原的關係情同父子，本來董卓是沒有機會的，可誰也沒料到，董卓沒有費太大的力氣就把呂布從丁原身邊挖來了。董卓用了一匹日行千里的赤兔馬、一千兩黃金、數十顆明珠和一條玉帶，便令呂布動了心。而呂布為了脫離丁原，狠心將丁原殺害，並取其首級以示心意。

於是，董卓得到了呂布，呂布有了第二位義父。

此後，董卓更加飛揚跋扈，反正有呂布在他身邊做貼身保鏢，再也不用擔

心有人來尋仇了。

　　不過，呂布和董卓的關係既然是從利益開始，自然也難以長久維持，加上董卓仇家又多，出現離間董卓和呂布的事情只是早晚的問題。當王允的美人計成功施行以後，董卓再次背叛義父，董卓最終也自食其果，成了呂布的刀下亡魂。

　　呂布脫離了董卓之後，又輾轉找到袁術。但他到底自恃過高，經常違背袁術的命令，久而久之，袁術對呂布開始心生不滿。此時的呂布早已經習慣了東家奔、西家走的人生。

　　既然袁術表現出不滿，那麼呂布乾脆改投袁紹。

　　呂布在袁紹身邊總算有了一點穩定。

　　這段時期，呂布經常與袁術聯手在常山會戰張燕。當時呂布騎著一匹能夠騰躍城牆、飛跨壕溝、名叫赤兔的良馬，與手下猛將成廉、魏越等幾十個人騎馬衝擊張燕的軍陣，有時一天去三四次，每次都砍了黑山軍的首級回來。連續作戰十多天，終於打敗了張燕的軍隊。呂布立下軍功，再次顯露出驕橫的性格，直接要求袁紹為自己增加軍隊。袁紹當然不肯輕易答應，呂布一怒之下竟然轉而沒事找事地攻打、搶掠袁紹的軍隊。

　　這下可把袁紹激怒了。

　　呂布當然也知道自己有點過火了，這才感到不安，因此向袁紹請求回到洛陽。袁紹這時已經明白呂布不是可以任用的人，假意答應呂布的請求，暗中卻命令親信除掉呂布。好在呂布總算有點頭腦，猜到了袁紹會對自己不利，這才躲過一劫。

　　呂布失去了袁紹這個庇護，又接連投靠過不同的人，然而呂布這種變化不定的性格早已被世人所知，即使他再勇猛也沒人敢重用。

　　呂布選來選去，始終沒能堅定地守住一個主子，這也註定了他日後被曹

操所殺的結局。

不是夢中人
——楊修直言觸曹操

故事 29

所謂過猶不及，一個有才智的人把話說白了，就是聰明過頭。人太聰明，凡事看得太透，尤其伴在君主左右，往往會因此招來殺身之禍。楊修正是典型的聰明反被聰明誤，或者應當說，楊修是一個不懂為官之道的聰明人，把什麼事都說透了，也就戳穿了曹操的把戲，這勢必要惹來禍患。

楊修出身顯赫，先天的基因加上後天的教育，想不聰明都難。可年輕人一旦有了頭腦又不能通達世事，難免就會有年少氣盛的狂妄。雖然楊修的家族深得曹操器重，也為楊修為官做了很好的鋪墊，可楊修終歸不懂伴君如伴虎的道理。讀書人做官總是難以避免隨心所欲的毛病，加上早期曹操對楊修也十分器重，這直接養成了楊修說話不過腦子的毛病。

一次，曹操收到了一盒從塞北送來的酥。曹操拿著精美的盒子，突然動心思想要考驗一下大臣們的才智，就提筆在盒子上寫了「一合酥」三個字，派侍從將盒子傳遞給大臣們。

大臣們眼巴巴地看著這個盒子，卻不知曹操用意何在。正當文武眾臣一籌莫展之際，楊修突然走出來，讓宮人取出餐具，將酥分給眾人品嘗。大臣們端著分到自己手裡的酥，你看看我，我看看你，沒聽到曹操發話，誰也不敢動口。

可楊修卻說：「這盒子上魏王不是寫了讓我們一人一口酥嗎？」這下群臣才恍然大悟。

雖然曹操當面稱讚楊修的機智，可心裡對楊修卻是一百個不滿意。曹操

說到底也是一代梟雄，被年輕的楊修戳破心中所想，他深不可測的形象豈不是一下子就降格了？從這之後，曹操開始厭惡楊修，但楊修到底有家世做後盾，曹操厭惡歸厭惡，還是不能對他怎樣。

然而，聰明的楊修此後卻顯得有點不夠聰明了，一次直言以後，楊修非但不以為意，反而洋洋得意，變本加厲。

當時，曹操南征北戰，雖然打了無數勝仗，可也結下了無數仇怨，這令生性多疑的曹操擔憂自己會遭人暗算。

於是曹操對自己的侍從們說：「我有個毛病，會在夢中殺人，所以我睡覺的時候你們不要靠近我。」曹操交代完，就等著找機會演練一次。

一天夜裡，曹操假裝在睡覺時將被子踢落，侍從們見到想要上前幫曹操蓋好被子，卻想起曹操先前說過的話，害怕曹操夢中殺人，都打消了幫曹操蓋被子的想法。有個曹操十分寵愛的小廝，看到曹操沒蓋被子，便想要幫他蓋好。可當小廝剛走到曹操面前，曹操忽然跳起來拔劍，將小廝殺了，然後繼續回到床上睡覺。

第二天，當曹操睡醒發現小廝的屍體就在自己床邊，假裝驚訝地問其他人：「誰將我的近侍殺了？」眾人如實稟告後，曹操痛哭不止，派人厚葬小廝。

曹操這場秀本來是做給眾人看，為了防止自己將來夢中被害，可到了小廝出殯時，楊修卻很不知趣地撫著棺材歎息道：「丞相非在夢中，君乃在夢中耳！」這話無疑挑明曹操是在做戲，故意殺了小廝。主子的意圖被看穿也就算了，可楊修又要當眾說出來，這顯然是不給曹操面子，可以說，到此為止，楊修的死已經發展成了必然事件。

後來，曹操出兵攻打劉備，遇到馬超據守久攻不下。曹操一方面想要退兵，一方面又害怕被蜀兵恥笑，就在兩難之時，夏侯惇前來詢問夜間口號，曹操看著碗中雞湯裡的雞肋，有感而發，說道：「雞肋。」

等到夏侯惇領了命令後回軍傳達，楊修卻又跑來搗亂，竟然要士兵收拾行李準備回家。夏侯惇不明所以，楊修解釋說：「魏王說雞肋，由此可以看出，如今進攻蜀地就如雞肋一樣，吃起來沒肉，丟了又可惜。在這裡顯然沒有益處，魏王當然要盡早班師回朝。」夏侯惇恍然大悟，也跑去收拾行李了。

　　然而這時候的曹操可沒有班師回朝的準備，他還在琢磨怎麼攻打劉備呢，誰知突然聽到士兵們都興高采烈地嚷著回去了。

　　曹操找來夏侯惇詢問原因，等他知道是楊修以雞肋分析作答，他對楊修已經到了忍無可忍的地步。

　　事已至此，楊修的死早已成了定局，幾個月以後，楊修被以「漏洩言教，交關諸侯」的罪名被殺了，終年四十五歲。

　　曹操以愛才聞名天下，他禮遇關羽，厚待徐庶，還放走將自己罵得狗血噴頭的禰衡，如此胸懷博大的人為什麼要殺掉楊修呢？

　　這其實是楊修自己送死。

　　曹操身為一個大集團的 CEO，要的是大的面子，而楊修偏偏不只一次地讓他沒面子。曹操本想在手下面前露兩手，變幾個戲法，可是楊修卻提前把謎底說了出來，這讓曹操總覺得背後有一雙揣測的眼睛盯著自己，甚是不爽。和領導人相處要仰視，不要平視，楊修則是俯視，這簡直就是要命的小聰明。

　　而曹操拼死拼活打天下，要的就是給子孫留一個豐厚的基業，所以接班人的問題成了重中之重。楊修不識時務地介入了曹操的家事，屢屢干擾曹操的視線，害得曹操權衡、審查、考驗都化為泡影，他能不急嗎？

　　曹操廣納人才，需要的是治國安邦的大才。清談、耍小聰明為曹操所不齒，楊修就在此列。再者，楊修說話辦事也沒有真正從曹操的立場出發。端了老闆的飯碗，不辦老闆喜歡的事，還隨意暴露老闆的隱私，不被殺掉才奇怪呢。

直到今日，很多人都會為楊修之死感到憤憤不平，惋惜楊修之才，痛恨曹操的殘忍。其實，這還真冤枉了曹操。楊修是一個非常不知趣的人，既沒有政治眼光，也沒有政治謀略，更缺乏政治鬥爭的手段，除了炫耀自己的小聰明之外，於事無補。對於這樣一個攪局者、添亂者，如果不及早除掉，早晚會惹出更大的麻煩。

小提示

楊修的祖先楊喜於漢高祖時期建功，因而被封為赤泉侯。其後，楊修高祖楊震、曾祖楊秉、祖楊賜、父楊彪可謂一門四傑，歷任司空、司徒、太尉，均為三公之位。可以說，楊家是兩漢時期歷史最古老的名門世家，而楊修正是在這樣聲名顯赫的環境中長大成人。

不懂「醫者父母心」
故事 30
——被誤會的華佗

提到三國，難免想到的都是英雄美人，然而在這個時期，還有一個人以獨特的魅力留名在三國史上，他的名字叫華佗。

說起華佗，他年輕有為、遊學四海的時候，已經靠著醫學世家的背景在徐州城內打響名號。華佗除了習得自己父親傳授的醫學知識以外，又結合自己的理解改良醫術，年紀輕輕卻已經青出於藍。

在諸侯割據混戰的局面下，這麼一個絕世名醫，當然不會被急於籠絡人才的各地軍閥放過。奈何華佗除了對醫學有興趣以外，對做官沒有任何想法。

於是，無論是太尉黃琬徵召他做官，還是沛相陳珪舉他當孝廉，都被華佗直接給拒絕了。

華佗的想法很簡單，只不過希望做一名普通的醫生，用自己的醫術來幫助病人解除痛苦。

然而人怕出名，醫術高明的華佗更是如此。當他以醫術名震四海的時候，恰好被曹操給看中了。

當時曹操已經被頭風症困擾好久，一聽說華佗醫術精湛，立即派人將他請了過來。

【神醫華佗】

面對曹操頑固的頭風症，華佗只扎了一針，曹操的頭痛立即便止住了。

為了不讓頭風症復發，曹操就將華佗強行留在自己身邊，希望他做自己的私人醫生。

可是華佗不肯，他的醫術是要醫治眾生的，怎麼可能專門為曹操一個人服務呢？

華佗離開後，曹操經常寫信要他回來，還派地方官去催。華佗當然不能直接拒絕曹操，於是推說妻子病得厲害，不肯回來。

華佗一再推辭，最終激得曹操大發雷霆，一怒之下命人將華佗抓回許昌。

華佗被押到許昌，雖然心裡百般不願，可是當他看到頭風症再次發作的曹操，也就顧不得其他了。畢竟醫者父母心，華佗立即放下藥箱為曹操診治。過了很久，他對曹操說：「丞相的病已經很嚴重，不是針灸可以奏效的了。我想還是給你服麻沸散，然後剖開頭顱，施行手術，這樣才能除去病根。」華佗本著醫者的情操為曹操提出建議，可是開顱手術這種事畢竟從來都沒聽說過，加上之前曹操身邊的一位太醫，就曾趁著治病的機會想要謀害曹操，這件事成了曹操的心病。再者，曹操本身多疑，此時聽說華佗要打開他的腦袋，堅持認為華佗想要謀害他。

就這樣，華佗被曹操關進大牢，一代神醫在獄中被殺害了。

小提示

華佗與董奉、張仲景並稱為「建安三神醫」。少時曾在外遊學，行醫足跡遍及安徽、河南、山東、江蘇等地，鑽研醫術而不求仕途。他醫術全面，尤其擅長外科，精於手術，並精通內、婦、兒、針灸各科。華佗首創用全身麻醉法施行外科手術，被後世尊之為「外科鼻祖」。

第二章 紅顏篇

被亂世左右的兒女情長

夾在男人政治裡的尤物
——貂蟬紅顏薄命

當年董卓趁著朝廷裡外戚勢力和宦官勢力打得不可開交的時候，撿了便宜，把後漢的朝廷差點改成自己的董氏朝廷。

雖然那時劉備和孫權還沒有形成氣候，可畢竟還有其他諸侯在各地獨大。董卓樹大招風，難免成為眾矢之的。然而要想挑戰董卓，得面對他的三十萬大軍，還要先戰勝他的義子呂布。

不過，是人就有弱點，而董卓和呂布的弱點出奇的一致：好色。

大司馬王允便想到使用美人計，離間董卓父子，希望借呂布之手將董卓處死。

這樣一來既可以瓦解董卓集團，又不必浪費自己的力量。

既然想出了美人計，那就需要一個美人參與其中。董卓和呂布對女色的偏好各不相同，所以這個美人除了一定要美以外，還得美得讓人無法拒絕、念念不忘。

這時候，也該是貂蟬出場的時候了，恰好貂蟬就在王允的府中，這美人計的實施萬事俱備。

說到貂蟬，她不過是王允府中的一個歌女，可容貌卻是傾國傾城。恐怕也正是因為貂蟬，王允才能想到美人計。可以說，貂蟬就是這美人計的本身，倘若沒有她，也不會有後來呂布和董卓反目的故事。

這天，王允派人將一頂綴滿明珠寶石的金冠送給了呂布。禮物價值連城，

呂布自然要親自登門道謝，才足以表達感激之情。而呂布從踏入王允府中那刻起，就已經陷入了王允為他準備的美人計當中。

呂布來訪，王允自然要宴請招待。酒過三巡，王允便讓府中的歌女貂蟬給呂布斟酒。

這貂蟬天姿國色，自呂布第一眼見到她就已經不能自拔了。

王允見此，趁機向呂布提議說：「將軍，我是欽佩您的威名，才讓貂蟬與您相見，如果將軍不嫌棄，就讓我做個媒人，將她許配給您，不知將軍意下如何？」

此時的呂布早已被貂蟬迷得無法轉移視線，而貂蟬自然也要對呂布露出含情脈脈的眼光。兩人「情投意合」，呂布就這樣高高興興地離開了。

既然呂布已經成功迷上了貂蟬，王允就可以進行第二步計畫了。

沒過幾日，王允將董卓請來自己府中做客，等到酒酣飯飽之時，貂蟬的歌舞出場了。

貂蟬一出場立即抓住了董卓的目光，等到貂蟬一曲歌舞完畢，董卓還不能把目光從貂蟬身上轉移，於是王允伺機對董卓說：「太師，您覺得我把貂蟬送給您合適嗎？」

董卓一聽，自然心滿意足，就這樣，貂蟬直接被董卓帶了回去。

等到貂蟬被董卓帶回太師府後，呂布那邊也得到消息，盛怒的呂布再次來到王允府上責問緣由。

王允對此早有心理準備，連說辭都已編好：

【貂蟬】

「昨天太師來我這，說要將貂蟬接回府中與您成婚，將軍您還不知道這個消息嗎？趕快回府準備成親吧！」

呂布一聽，頓時怒氣全消，滿懷期待地回府等著娶貂蟬過門。可呂布等了整整一夜，也沒見到貂蟬，第二天卻聽說董卓納了新姿，正是貂蟬本人。

至此，呂布對董卓心裡開始有了怨恨。

貂蟬此後見到呂布的時候總是淚眼汪汪，表示自己不想嫁給董卓，希望呂布能夠早日救自己脫離苦海。貂蟬每次訴苦，都如同刀子割在呂布的心上。

自古英雄難過美人關，呂布雖然萬夫莫當，可在兒女私情上反倒柔情似水。

後來，貂蟬和呂布在鳳儀亭私會，恰好被董卓迎面撞到。眼見義子占了自己寵姿的便宜，好色的董卓搶過呂布畫戟向他刺去。

從此，父子二人算是徹底因為貂蟬而決裂了。但這還遠遠不夠，王允火上澆油，將呂布請到府中，對呂布說：「貂蟬本是一心一意想著與將軍結為夫妻，但董卓從中作梗，才令你們有情人無法相守。將軍跟隨董卓多年，又

【董卓與呂布在鳳儀亭反目】

為董卓立下赫赫戰功，不想董卓竟然狠心想要殺死你。這樣下去，恐怕將軍不僅保不住美人，自身也有性命之憂啊！」

呂布雖然生董卓的氣，但念在父子之恩還是有些猶豫，王允自然不給呂布心軟的機會，又繼續說：「董卓姓董，將軍姓呂，本算不得什麼父子。現今董卓又不念父子之情，搶了貂蟬又刺殺將軍，將軍還要繼續為虎作倀嗎？假使今天將軍能夠棄暗投明，日後必將得到皇帝重用，還可以和貂蟬永遠在一起，這樣不好嗎？」

於是，在王允的挑撥下，呂布最後將董卓刺死了。

歷史上到底有沒有貂蟬這個人呢？答案是否定的。

貂蟬其人其事，在正史中並無任何記載，而關於她的身世，主要有以下四種推測。

第一種推測認為，她是司徒王允府中的歌妓。

王允乃東漢太原祁縣人，字子師。初仕時為郡吏，到靈帝時，升遷至豫州刺史，漢獻帝登基後被任命為司徒。王允為了剷除奸賊董卓，就設下連環計，先是授意府中的歌妓貂蟬，以美色挑逗呂布，接著又將其嫁給董卓為姜，挑起了二者之間的矛盾。最後，利用呂布殺了董卓。

相傳，有一次貂蟬在花園裡為王允祈禱拜月，正巧此時有一片彩雲遮月。王允稱讚道：「貂蟬美色使月亮躲到雲後面去了！」據此，貂蟬便有了「閉月」之容的說法。

第二種推測認為，貂蟬本是董卓的侍女。

董卓，字仲穎，東漢隴西臨洮人。出身涼州豪強，漢靈帝年間，升任並州牧一職。何進令董卓率兵入洛陽平定宦官，未曾想，董卓率兵進京之後廢少帝，立獻帝，專斷朝政。各地諸侯起兵會盟反抗董卓，董卓挾持皇帝及文武百官西遷長安，自封為太師，後來被呂布所殺。《後漢書·呂布傳》中記載：

董卓封呂布為騎都尉，對其甚是寵信。後來，呂布與董卓的愛妾私通，被董卓撞見，呂布擔心自己性命不保，由此暗生殺機。據此推斷，貂蟬的原型可能是與呂布私通的董卓婢女。

第三種推測認為，貂蟬原本就是呂布的妻子。

《三國志‧呂布傳》注引《英雄記》中記載：建安元年六月，一日半夜時分，呂布的部將郝萌謀反，率領軍隊圍困呂布所在的下邳城。當夜一片混亂，呂布竟然分不清造反的究竟是誰，便「直牽婦，科頭袒衣」跑到了自己的親信高順營中。有人推斷，在這裡出現的「科頭袒衣」、完全不顧及自己形象的婦人，就是大美女貂蟬。

第四種推測認為，貂蟬應該是呂布部將秦宜祿的妻子。

《三國志‧關雲長傳》注引《蜀記》有這樣一段描寫：「曹公與劉備圍布於下邳，雲長啟公：『布使秦宜祿行求救，乞娶其妻。』公許之。臨破，又屢啟於公，公疑其有異色，先遣迎看，因自留之。雲長心不自安。」這段記載顯示，呂布部將秦宜祿的妻子姿色非凡，令那位在《三國演義》中義薄雲天的關羽垂涎不已。元朝人所編的雜劇《關公月下斬貂蟬》，就是根據此事改編創造而成。因此，秦宜祿的妻子便成了傳說中的貂蟬。

不管這幾種說法哪一個是正確的，貂蟬最後悲慘的命運結局，不知紅顏薄命究竟是人的不幸，還是時代的不幸？

小提示

「貂蟬」古語中是指古代達官貴人帽子上的裝飾物，後又指達官貴人。但是在《三國演義》問世以後，貂蟬便成為家喻戶曉的人物。

只怪洛神姿容俏
——甄宓與曹植的叔嫂情

故事 32

　　說到曹植，想必大多數人都十分熟悉，他的七步詩「煮豆燃豆萁，豆在釜中泣。本是同根生，相煎何太急。」流傳至今。但說到甄宓，這個容貌不輸貂蟬、才華不亞於二喬的美麗女子，知道的人卻並沒有那麼多。

　　然而，正是這樣一位並沒有太多傳奇色彩的女子，讓當時無數英雄折腰，還引出了「曹氏三父子共爭一婦」的歷史傳說。而這三人中最讓人惋惜的就是曹植，引出一段令無數人感慨的叔嫂情。而那首《洛神賦》，更是留給後世無盡的想像。

　　官渡之戰袁紹慘敗，戰亂之中，曹植在洛河神祠偶遇藏身於此的甄氏，也正是這第一次的相遇，讓當時只有十二歲的少年曹植情竇初開。他贈白馬並幫助甄氏逃回鄴城，之後甄氏又回贈玉佩酬謝。

　　時隔不久，鄴城即被曹氏父子攻破。

　　城破之後，曹丕當即躍馬直奔袁氏府邸。

　　走到後堂，只見一個中年婦人，膝下一少婦嚶嚶啼哭，曹丕上前詢問才知是袁熙妻子甄氏。對於甄氏的美貌，曹丕素有耳聞，只是眼見這位女子披頭散髮，面目骯髒，就俯身挽起少婦髮髻，用手巾擦去她臉上灰土，才發現眼前少婦資容絕倫，正所謂「粗頭亂髮不掩其天姿國色」，曹丕一時心思恍惚，頓生愛慕。

　　隨後而來的曹操看在眼裡，知道兒子曹丕對甄氏動了情。而早和甄氏有

【《洛神賦圖》中洛神的原型甄氏】

過邂逅的曹植也對她念念不忘，只可惜年幼，旁人並不知情。

曹丕捷足先登，對曹操說：「兒一生別無他求，只求此人在側。望父王念兒雖壯年而無人相伴，予以成全！」話說到這個份上，曹操也不好拒絕，就派人做媒完成婚事。

時袁紹雖滅，但周邊戰事繁多，曹操和曹丕為消滅群雄平定北方奔波，只有年紀尚幼的曹植整日陪在這位多情多才的美麗婦人身邊。又因為洛河白馬玉佩的情誼，兩人雖然年紀相差甚大，整日耳鬢廝磨，了無嫌猜。多才的曹植向甄氏表現出情意時，甄氏也漸漸由原先母性的憐愛漸漸轉變成情人的愛意，慢慢沉醉在曹植的濃情蜜意之中。

曹植的出現，也在一定程度上滿足了甄氏對愛情的渴望，成為她一生中最快樂的時光。

可這樣的好時光並沒有持續太久，曹丕篡漢建魏之後，立郭氏為貴嬪，

郭氏為奪皇后地位，多方進讒言。而曹丕本來對於曹植和甄氏的複雜關係難以釋懷，因此將甄妃留在鄴城。久居鄴城的甄氏愈發失意，屢有怨言。黃初二年六月，曹丕遂派使者到鄴城將甄氏賜死，中途後悔又派人追回使者，可惜已經晚了，等到消息傳來，甄氏已經香消玉殞。

甄氏死後，有一次曹植入宮，曹丕便將甄氏使用過的一個盤金鑲玉枕頭賜給他。曹植睹物思人，心中愁緒萬千，回歸途中經過洛水，當時的洛水被月光籠罩，曹植躺在舟中，恍惚之間，看到甄氏凌波而來，一邊走一邊傾訴心曲。曹植醒來發現不過是一場夢，但此時心中的感傷情緒湧現出來，回到鄴城做出《感甄賦》。

後來，曹睿繼位，覺得名字有違綱常，才將題目改了，也就是後來一直流傳至今的《洛神賦》，甄氏因而有甄洛的稱呼。

然而，對於曹植為嫂子寫《洛神賦》這一愛情傳說，歷來存在很多爭議，主要分為以下幾種觀點：

第一，曹植與他的嫂子年齡差距有十幾歲，兩人產生情愫的可能性很小。曹植即使真的愛上他的嫂子，在與曹丕的政治鬥爭造成關係極其緊張的情況下，也不可能去為嫂子寫一首《感甄賦》。而曹丕將自己妻子的枕頭送給弟弟一事，更是經不起推敲。

第二，曹植所寫的《感甄賦》，其中「甄」通「鄄」，指的是曹植的封地鄄城。

第三，《洛神賦》一文，是「托詞宓妃以寄心文帝」，「其亦屈子之志也」，「純是愛君戀闕之詞」，就是說賦中所言的「長寄心於君王」。然而後人根據曹植平生為人，以及與曹丕之間的關係推測，狂放不羈的曹植不可能用一首如此煽情的詞賦去討好曹丕。所謂「寄心文帝」，多是後世逢迎帝王的御用文人們無聊的推測。

曹植與甄宓之間的淒美愛情是否曾經真實存在過，在今人看來已經不重

要了，更多人願意去相信這個感人的故事是真實的。

小提示

　　在《三國志》裡，有個地名「鄄城」，到了範曄寫《後漢書》的時候，才寫成「鄴城」。甄妃觸怒曹丕失寵那年，曹植莫名其妙地寫了一篇《出婦賦》，後來甄妃去世，曹植又寫出了《感甄賦》，直到曹丕與甄妃的兒子曹睿即位之後，才下詔改《感甄賦》為《洛神賦》。

遙想公瑾雄姿英發
——小喬相思成疾

故事 33

　　周瑜是一個完美的男人，相貌堂堂，智計無雙，加上豪氣干雲的性格，通曉音律、深情款款的識解風情，這樣的青年才俊不就是無數女子心目中那踏著七彩祥雲的蓋世英雄嗎？可惜完美男神名草有主，這個「主」就是國色天香的女神小喬。

　　孫策納大喬、周瑜娶小喬這件風流韻事，一直被人們津津樂道。

　　孫策和周瑜兩人年歲相當，又特別合得來，周瑜還曾把房子讓給孫策住，兩家又是通家之好，所以二人基本算是兄弟了。

　　有一次，周瑜去丹楊探望在當地為官的父親，恰巧孫策東渡。孫策寫信告知周瑜，周瑜當即帶著兵去迎接孫策。

　　孫策見到周瑜後高興地說：「有你相助，一定會成功！」隨後，拉著周瑜和他的兵馬去打仗，攻下數座城池，聚集了幾萬兵馬，然後對周瑜說：「我帶著這幾萬兵馬已經夠用了，你回去吧。」周瑜二話沒說回去了。

　　一起上戰場，後來還一起娶了姐妹花，兩人情誼之深可見一斑。

　　當時，孫策和周瑜一路打向荊州，見到了喬公家兩個貌美如花的女兒大、小喬，孫策自己納了大喬，周瑜就娶了小喬。於是，一個俊朗愛笑、能征善戰的江東小霸王，一個雅量高致、精通音律的美周郎，一起納了「橋公二女秀色鐘，秋水並蒂開芙蓉」的姐妹花，既是兄弟，又成連襟，一起譜就了英雄美人的佳話。

可惜孫策命不長，兩年後就被刺殺，大喬只能帶著尚在襁褓的兒子孫紹悽惶度日。周瑜帶著兵馬遠赴吳地奔喪，並在吳地駐紮下來。

後來，曹操打下荊州，得了水師步兵十萬，八方驚恐：曹操這老匹夫得了那麼大的助力，肯定要拉出來試刀了。

孫權急召群臣商議，群臣紛紛唱衰：本來曹賊就打著天子的旗號到處擴充勢力範圍，以前還能用長江的天險擋一擋，現在他得了水軍，天時地利人和，形勢不妙，不如從了他吧！

這時，周瑜站了出來，先是將孫權捧了一番：「您可是世家之後，實力也有，才幹也有，不戰而降豈不丟人？再說曹操自己內憂外患，又跑到我們的地盤來和我們水上決戰，而且冬日糧草匱乏，我們如今以逸待勞，曹操完全是跑上門來送死，為什麼還要打開門迎接他？您給我三萬精兵，我一定為您打退曹操！」

這番話分析得鞭辟入裡，孫權當即表態：「你的話正合我意，就這麼辦吧！」於是有了後世奉為經典的兵家典型戰例——赤壁之戰。周瑜領著三萬兵馬，在黃蓋的獻計下，火燒連營，殺退曹操的十萬大軍，一時風頭無兩。

當時小喬一直陪在周瑜身邊，她目睹了丈夫指點江山的意氣風發，見證他上陣殺敵的雄姿。在外，他是儒雅善戰的名將；在內，他是自己溫柔的周郎，小喬的幸福感可想而知。再想到姐姐大喬早年喪夫、獨自撫養兒子長大，小喬的幸福感肯定加倍。

周瑜一生總共就三個孩子，可見後院清靜，以周瑜的身分地位，這在當時的年代是難能可貴的，所以小喬無疑是幸運的，哪怕周瑜出征打仗，她都能時時陪伴在身邊。她為周瑜誕下了一雙兒女，一直和他琴瑟和諧地過了十二年。

但慧極必傷，情深不壽，完美如天神的周瑜在他三十六歲那年病死於征戰途中。愛有多銷魂，就有多傷人，小喬的傷心悲痛不難想像，昔日種種甜

蜜都成了斯人已逝的悲痛之源。

　　從天堂跌落地獄的小喬從此相思成疾，為周瑜守墓十四載，最終因病去世。蓋世英雄和美貌天仙伉儷情深的童話也最終落幕。

小提示

　　陳壽《三國志》對小喬著墨不多，周瑜和小喬的故事能夠被廣為流傳，還是因為羅貫中在《三國演義》中關於銅雀台故事的渲染與編排。其實《三國志》中並沒有這樣一段歷史。「東風不與周郎，銅雀春深鎖二喬」的典故，是《三國演義》中諸葛亮為刺激周瑜與蜀結盟，而用《銅雀台賦》的「攬二橋於東南兮，樂朝夕之與共」穿鑿附會的，因為漢代橋、喬本為兩姓，二喬姓橋而非喬，後世橋姓的橋被簡化為喬。此外，《三國演義》中周瑜氣量狹小的故事，以及「既生瑜，何生亮」的感慨，並未見諸《三國志》。陳壽筆下的周瑜是「曲有誤，周郎顧」的翩翩公子，是連與其不睦的程普都讚歎「與周公瑾交，若飲醇醪，不覺自醉」的溫潤郎君。

當蘿莉遇見了中年大叔
——孫尚香的政治婚姻

孫尚香其實並不叫孫尚香，即使把史料翻爛了，我們也只能知道孫尚香是一位孫夫人。當然，她的確是孫權的妹妹，也的確為了聯姻嫁給劉備，只不過在後來民間的流傳中，將這位孫夫人喚為孫尚香。

說到孫權將妹妹嫁給劉備做夫人，還是赤壁大戰結束後的事情，因而電影《赤壁》中本不應該有太多孫尚香的戲碼。

赤壁之戰以後，雖然劉備和孫權聯合取得了勝利，可從實質意義上來說，孫權才是最大受益人。於是乎，為了更加穩定自己的勢力，也為了避免曹操日後再次率軍捲土重來，孫權想到透過政治聯姻來穩定和劉備的關係，以便共同抗曹。

劉備對孫權的意圖心知肚明，而此時劉備的年齡也很大了，在這樁政治聯姻裡孫權自然不能把自己的女兒送給劉備。這時候，在孫權身邊只剩下一位親近的女性符合條件，正是妹妹孫尚香。

其實，孫尚香下嫁劉備時也不過十九歲，正是風華正茂的年紀。可是劉備此時已是年近半百、數婚再娶的半個「糟老頭」。難得孫尚香除了姿容豔麗以外還具備才華和氣度，所以當她知道孫權想透過自己完成和劉備的聯姻時，並沒有一哭二鬧三上吊，反而很配合孫權的大計。

但孫尚香嫁給劉備，可以說是完全迫於無奈，是一樁毫無愛情可言的婚姻，並非小說演義上說的「美人愛英雄」那麼浪漫。雖然甘願嫁給劉備，可孫尚香對劉備心底的不信任，還是令她充滿防備，這也造成孫尚香帶了很多

侍婢陪嫁。這些侍婢可不是單單為了服侍孫尚香的，還兼有保鑣的職責。侍婢們站在孫尚香的身側都是帶刀侍立，使得劉備每次去孫尚香閨房的時候，都感到如臨大敵。

這種極不和諧的婚姻關係維持到第二年，孫尚香終於得以解脫了。

這年，劉備親率大軍西進益州，夫妻二人自此便天各一方，永不相見。

既然劉備已經要出兵和孫權打仗了，孫權當然要考慮到這位親妹妹，於是便派了舟船來接孫尚香回江東。不僅如此，他還讓孫尚香將年僅四歲的阿斗帶回東吳，其目的自然是將劉備的寶貝兒子當人質。雖然後來張飛和趙雲奪回了阿斗，可也徹底將孫尚香和劉備之間最後一點關係給斷絕了。

從此以後，孫、劉的聯姻成了不堪回首的往事。而孫尚香重新回到東吳之後，心境已經改變，年紀輕輕的她自此過著「寡居」生活。

在此後的歲月中，孫尚香到底過得如何就再也沒人知曉了。

小提示

　　孫尚香雖貴為破虜將軍孫堅之女、吳大帝孫權之妹、蜀先主劉備之妻，但在東吳人眼裡，她始終是敵對方元首劉備的夫人；在蜀漢方心中，她裡通東吳，有劫持人質之嫌。民間盛傳其在劉備兵敗身亡後，投江而死，九江、蕪湖、南京、鎮江等地均有孫夫人投江遺跡的傳說，還為其建有不少祠廟，或稱梟姬娘娘，或稱靈澤夫人。

羞答答的情誼靜悄悄地開
——杜氏到底有多美

故事 35

三國裡的女人，有智慧拔得頭籌的，有計謀成功上位的，當然還有僅僅憑藉那絕世紅顏而引得兩位英雄豪傑爭風吃醋的。

她是誰？此女姓杜，人稱杜夫人。

歷史上對杜夫人記載不多，只說她原來的丈夫是秦誼祿，後來曹操貪戀其美色，收了她做妾室。所謂妾室就是小老婆，可見曹操真是豔福不淺。不僅如此，杜氏還為曹操生了兩個兒子和一個女兒，分別是曹林、曹袞還有金鄉。

那麼，為杜夫人爭風吃醋的兩個英雄是誰呢？

一個是她後來的老公——曹操，另一個就是她想叫老公卻沒有叫成的人——關羽。

想當初，曹操為了拉攏關羽，可是送了幾十個絕色美女給他，他都沒看上，大家可以想見杜夫人到底有多吸引人了。

關於這件事，見於《三國志‧魏書‧明帝紀》。

話說杜夫人的前夫秦宜祿，是呂布手下的一名猛將。當初，曹操和劉備一起合謀搶呂布地盤的時候，呂布就派秦宜祿向袁術求救。袁術這個人，沒有便宜的事情是不會幫忙的，所以一定會落井下石。

三國的小人都這樣，其實反過來想想，袁術也不是徹底的小人，在諸侯爭鬥中，吃掉一個少一個，而袁術也只是扣下了秦宜祿，逼他再娶個老婆。

可憐的男人，家有嬌妻回不得。

但即使王子不在身邊，美麗的女人還有很多騎士保護，這時關羽出現了。他對曹操說：「我可以為你打江山，只要下邳收復後，你把杜氏給我就行了。」曹操開始也沒多想，畢竟當初他為了招降關羽，可是銀子也花了，美女也送了，自己就差給關羽跪下，也沒見關二爺許諾什麼，今天居然主動找自己要女人，曹操想都沒想就答應了。

可關羽知道曹操生性多疑，所以在收復下邳後，關羽又提出這個要求。這時曹操就開始懷疑了：「能讓關羽如此動心，這杜氏想必不一般。」他向來好色，就親自去見這位美人。 一見不得了，居然忘記了對關羽的承諾，把杜夫人納做自己妾室。最終逼得關羽以找到「哥哥」為由，硬生生地離開了曹操。

僅僅憑藉美色能在三國留下一小段歷史的女人，恐怕也只有杜夫人了。

小提示

杜夫人的前夫秦宜祿，在呂布被曹操俘虜處死之後，毫無原則地投降了曹操，並且當了一個地方官。

又過了一年，張飛對秦宜祿說：「曹操把你的老婆都霸占了，你怎麼能還給他當官呢！趕快跟我走吧，我們一起去打曹操，搶回銀子和女人！」

秦宜祿被一番鼓動，跟著張飛一起走了。可是走了沒多遠，又忽然反悔，想逃回去。

張飛見狀，就把他給殺掉了。

寡婦也有春天
——吳氏終成皇后

故事 36

說劉備命裡「剋妻」可不是戲言，很多史料都曾記載劉備早在納甘夫人之前就曾「數喪嫡室」。

不過，「剋妻」的劉備最終還是被一個女人給打敗了。

這個了不起的女人正是劉備的最後一位夫人——穆皇后吳氏。

吳氏嫁給劉備的時候已經是一名寡婦了，而在吳氏變成寡婦之前，她的人生更加坎坷。

吳氏的父親很早就過世，吳氏和哥哥只能依靠父親舊交劉焉的關係，到益州生活。

不過來到益州以後，吳氏卻變得很有名氣，原因很簡單，因為有個算卦的曾經預言吳氏貴不可言，俗稱就是「旺夫」。

吳氏命好的消息很快被劉焉知道了，野心很大的劉焉心想，吳氏既然「旺夫」，那就肥水不流外人田，一定要讓劉家興旺發達才行。可劉焉又不好意思直接把吳氏娶過來，就把吳氏嫁給了自己的兒子劉瑁。

劉焉的算盤打得很精明，可他沒想到的是兒子剛娶吳氏沒多久就病死了。劉瑁一死，吳氏成了寡婦，大富大貴自然也就和劉焉失之交臂。

命運往往都喜歡捉弄人，劉焉的美夢破滅了，可吳氏的人生卻剛剛開始。

西元 214 年，荊州牧劉備打敗了益州牧劉璋，成為新任蜀王，此時劉備

的老婆孫尚香重新回到江東，他又恢復了單身漢身分。

眼看著自己一朵花才開，不能守著一個死人過一輩子，吳氏就把目光盯上了大名鼎鼎的劉備。

她花錢買通劉備手底下的人，打聽到劉備的近況，傳回來的消息是：劉備平定了益州，雖然事業順利，但婚姻卻失和，跟隨他的吳夫人回到了江東。

這正是吳氏要的機會，她又買通了劉備手下的人，安排劉備與她的邂逅。

劉備看見吳氏時，春心也蕩漾了。

身邊的人看見主子很喜歡吳氏，就說：「吳氏不僅聰明漂亮，而且賢良溫婉，既然吳夫人離開了您，您為何不娶她做夫人呢？並且吳氏有旺夫命，她又是前益州牧劉焉的兒媳婦，有利於收攏益州民心。」

聽了手下的話，劉備很開心，但也有顧慮，吳氏之前畢竟是劉瑁的妻子，我與劉瑁也算是同族關係，雖說劉瑁已死，可我娶了他的老婆，成何體統？劉備猶豫再三，遲遲下不了決心。

吳氏也很著急，託人再三打聽之後，才明白了劉備不肯娶她的真正原因。她莞爾一笑，請到法正，給法正講了晉文公和子圉的故事。

第二天，法正如法炮製地把這個故事講給了劉備聽，然後勸說劉備：「論到親族關係，比起晉文公和子圉又如何呢？」此時，劉備終於下定決心，娶了吳氏為妻。

吳氏嫁給劉備以後，雖然沒有生育，但她在蜀漢的地位卻從沒有因此動搖過，加上吳氏的兩位哥哥也都隨吳氏歸順劉備，成為蜀漢的將軍，這更加穩固了吳氏的地位。

後來，劉備建立蜀國，吳氏自然而然被封為皇后。

　　春秋時，晉公子重耳流亡到秦國，秦穆公將自己的女兒、原為太子圉的妻子懷嬴嫁給了重耳。懷嬴是後世史家為她起的名字，《史記》沒有提名字，只稱她為「故子圉妻」。

　　這對重耳來說，是件十分為難的事。

　　晉惠公夷吾是他的弟弟，晉太子圉是他的侄兒，所以懷嬴是他的侄媳婦，這是一個確定不移的事實；還有，秦穆公夫人是他姐姐，因而懷嬴在輩分上比他晚一輩；總之，怎麼算下來，輩分都不對。

　　但是為了政治目的，最後還是結下了「秦晉之好」。

後宮裡的情色戰爭
——郭女王盛寵難爭

故事 37

後宮的爭鬥雖然不是三國故事裡面的主旋律，但是一個女人的發展，不僅僅代表她自己，更往往象徵著她的家族和她背後的男人。所以男人們在戰場上激烈鬥爭之時，他們身後的女人也在激烈較勁。

郭女王出生在安平廣宗，從現在的地圖來看，是在河北省邢臺市廣宗縣，祖上世代為官。他的父親郭永在東漢末年擔任南郡太守，按照現在的說法，她至少也是省長級別的女兒了。

據史書記載，這位郭女王從小言談舉止與眾不同，正所謂特立獨行，不走尋常路，她老爸還預言：「這女孩天生就是做女中之王的料。」之後便在閨名之外，為她取字為「女王」。

三歲看小七歲看老，真是知女莫若父，他老爸還真說對了。

建安十八年五月，曹操被漢獻帝晉封為魏王。郭女王當時二十九歲，被曹丕看中，成了曹丕的姜室。按照現在的標準，那就是小三，很少有小三可以成功打敗正牌妻子，上位成功的，何況曹丕是未來的帝王，所以更是困難重重。

一般女子遇到這等挑戰，怕是早就逃跑了，男人多得很，為什麼非要選擇曹丕。但高傲到不可一世的郭女王，怎麼可能輕易被困難嚇倒。為了讓曹丕更加愛她，她沒事做的時候就去幫曹丕處理政事，還時常向曹丕獻計獻策，很多的計策都被採納了。之後，郭女王幫助曹丕順利繼承王位，並進一步當上了皇帝，這樣一來，曹丕更加信任她了。

曹丕即位的時候，郭女王都已經三十八歲，幾乎不可能再生育。不過不要緊，最關鍵的還是曹丕寵愛自己。只要有了曹丕的信任，過繼一個別的妃嬪的孩子就好了。

她借力使力，利用曹丕和卞夫人與甄宓的矛盾，漸漸奪走曹丕對甄宓的寵愛。

西元 222 年，曹丕執意要立郭女王為皇后。為此，很多大臣都反對，但曹丕還是堅持己意。不過還好，郭女王也沒有讓曹丕失望，被立為皇后之後更加謙恭，對婆婆也是關懷備至，孝名遠播。

不僅如此，有一次，後宮一個嬪妃因為一些小事得罪了大臣，郭皇后知道後並沒有責罰，而是耐心教導。甚至有一次傳到了曹丕的耳中，曹丕很是憤怒，一定要責罰這位嬪妃，最後是郭皇后不停為那位嬪妃求情和帶頭「頂罪」，才將此事壓了下來。從此六宮之中再沒有嬪妃對她有任何怨言。

小提示

《魏書》曾講郭女王：「性儉約，不好音樂，常慕漢明德馬后之為人。」起初，曹丕不喜甄宓所生的曹叡，而有意立徐姬之子京兆王曹禮為太子，直到病終前一日，才詔立平原王曹叡為嗣。及至曹叡繼位，尊郭女王為皇太后，稱永安宮太后。

大難臨頭夫君逃
——甘夫人長阪坡受難

故事 38

　　俗話說，每一個成功男人的背後都有一個默默付出的女人。今天我們就來說說劉備背後的女人——甘夫人。

　　甘夫人，在《夔州府志》中稱其名為甘梅，生卒年不詳，沛國人，三國時期蜀漢昭烈帝劉備的夫人，蜀漢後主劉禪的生母。

　　據《拾遺記》記載，甘夫人出身貧寒，幼時村裡會看相的人看了她的面相後說：「這個小女孩長大後必定身分尊貴，可以尊貴到住進皇宮裡。」後來果然被看相人言中，這個女人就是「昭烈皇后」。

　　但就是這樣一個尊貴的女人，背後也有一段傷心事。

　　甘夫人嫁給劉備為妾，正值建安十三年（西元 208 年）曹操率領軍隊南下討伐荊州牧劉表。天有不測風雲，人有旦夕禍福，在這關鍵的時刻劉表死去。劉表的次子劉琮接任荊州牧，此人膽小如鼠，偷偷派遣使節向曹操表達求和之意，也就是投降。

　　當時劉備駐軍在樊城，曹操也是用兵高手，突然發動了襲擊。等曹軍攻打到宛城的時候，劉備才從將領處得知了這個消息。劉備雖然勢力逐漸擴大，但還不足以與曹操的幾十萬大軍抗衡。留得青山在，不怕沒柴燒，劉備只好率領軍馬撤出了樊城。

　　中途經過當陽時，劉備率軍駐紮景山之下。這時，曹軍突然襲來，劉備手下的士兵大敗，一個個四處逃竄。在生死存亡的關頭，劉備竟然丟下了老婆和孩子，自己跑了。可見在劉備心目中，果然還是江山大於美人。

【當陽附近的長阪坡之戰】

他這一丟不要緊，卻苦了我們這位美若天仙的甘夫人，不過美人自然還是有騎士保護，這就是趙雲。

趙雲護主心切，單槍匹馬尋找甘夫人，在尋找的途中刺落夏侯恩，整整七次衝入重圍。

後來一名百姓告訴他，甘夫人就在前面，趙雲走過去，看見甘夫人身上有多處刀傷，不能行走。

甘夫人看見趙雲，卻沒有看見劉備，她心碎不已，想丈夫可能凶多吉少。

「在天願作比翼鳥，在地願為連理枝，我未能與你同生，就與你同死吧！」說完，她就暈了過去。

也許是上天眷戀紅顏，也許是她命不該絕，總之甘夫人沒死成，之後趙雲重新上馬，拼死廝殺，最終還是把甘夫人和阿斗救了出來。

小提示

　　甘夫人雖是劉備小妾，但一直以來都被作為正房看待，而甘夫人本人在劉備陣營裡，幫劉備處理許多內事。甘夫人死後，在諸葛亮的建議下，先後追諡甘夫人為「皇思夫人」和「昭烈皇后」。

青史難留名
——糜夫人患難相助

劉備身邊的眾多女人中，有一位女人也許是最悲慘的，她最先跟了劉備，也是最先離開了劉備。她的一生顛沛流離，很早就死去。下面就來說說這位容貌不詳、能力不詳、結局不詳的偉大女性——糜夫人。

糜夫人，三國時期蜀漢大臣糜竺的親妹妹。

關於劉備和糜夫人的相遇，比起劉備的其他夫人，糜夫人對劉備的情意應該是更難得的。

建安元年，也就是西元 196 年，劉備率大軍襲擊下邳。正當兩軍交戰，勝負難分的時候，忽然傳來呂布把劉備的老婆孩子劫走的消息。

原來，呂布得知劉備出征，沒時間顧忌家眷之時，便偷偷把劉備的妻子俘虜了。可見，呂布果然是小人作風，乘人之危卑鄙到了一定的境界。

劉備後方陣營出了意外，老婆被抓，他也沒心情作戰了。情緒一消極，難免指揮失誤，本來是要攻打袁術，結果反而被袁術占了上風。

劉備想來想去，覺得不能繼續在前線糾纏了，應該先去把老婆救回來，於是轉而率軍駐紮廣陵和海西。

俗話說「禍不單行」，劉備這次也是倒楣到底了。不僅作戰失利，老婆被抓，就連軍隊的糧草也沒有了。沒有糧草，戰士們如何打仗？

正在劉備著急之時，也不曉得他踩到了什麼狗屎運，碰上一個當地富豪。這人即是徐州的大商糜竺。糜竺有多少錢是很難算得清了，反正就是很有錢，

他知道了劉備的困難以後，當即大力資助，不僅在財力上傾囊，還附帶把自己的妹妹送給劉備當老婆，也就是後來的糜夫人。而糜竺自己也不做富豪了，他跟著劉備披著盔甲打天下。

有了糜氏兄妹的幫助，劉備這才化險為夷，度過了這次危機。

但奇怪的是，此後糜夫人便下落不明，《三國志》也未給其立傳。

英雄做媒人
——蔡文姬與藍顏知己曹操

故事 40

　　蔡文姬是中國歷史上第一位有文獻資料記載的「海外歸人」，出場費是白璧一雙，黃金千兩。

　　十六歲時，蔡文姬嫁給了才子衛仲道。可惜不到一年，衛仲道便因咯血而死。

　　衛家認為蔡文姬命硬，剋死了丈夫，便對其百般責難。心高氣傲的蔡文姬哪裡受得了這種白眼，不顧父親的反對憤而回家。

　　在當時，時局混亂，西北軍閥董卓趁機獨攬朝綱，為了維護統治，他刻意籠絡名滿京華的蔡邕，將他一日連升三級，拜中郎將，封高陽侯。

　　後來董卓被呂布所殺，蔡邕也被收付廷尉治罪。蔡邕請求黥首刖足，以完成《漢史》，但終免不了一死。

　　父親一死，讓蔡文姬失去了依靠，沒錢度日，只好四處漂泊。

　　此時中原大亂，胡人騎兵經常前來燒殺搶劫一番，蔡文姬飄來蕩去，流落到南匈奴，這一年她二十三歲。

　　也算是不幸之中的萬幸，雖然流落到異邦，可她遇到了一個好男人——匈奴左賢王。

　　蔡文姬開始了第二段婚姻，雖然左賢王對她十分敬愛，並且生了兩個可愛的兒子，但她仍然想念故土。

十二年後，曹操當上了丞相，得知自己老師蔡邕的女兒流落在匈奴，就派使者攜帶黃金千兩，白璧一雙，想把蔡文姬贖回來。

面對恩愛有加的左賢王和兩個天真無邪的兒子，蔡文姬柔腸寸斷，淚如雨下，在漢使的催促下，戀戀不捨地踏上回鄉之路。

看著蔡文姬孤苦伶仃，曹操好事做到底，主動為蔡文姬和董祀牽起紅線。

起初，二人的夫妻生活並不十分和諧。就蔡文姬而言，飽經離亂憂傷，再加上思念胡地的兩個兒子，時常神思恍惚；而董祀是一位自視甚高的人，迫於丞相的壓力，才勉為其難接納了她。

【文姬歸漢圖】

就在婚後的第二年，董祀犯罪當死，蔡文姬顧不得嫌隙，蓬首跣足地來到曹操的丞相府求情。

當時大臣、名士以及從遠方外國來的使者都坐在殿裡。

曹操對他們說：「蔡伯喈的女兒就在門外，今天我請諸位見一見。」蔡文姬進來的時候，頭髮凌亂，光腳走路，向曹操磕頭請罪。她說話條理清晰，話音非常酸楚哀痛，眾人都被她感動了。曹操說：「就算真的像妳說的那麼可憐，但是降罪的文書已經發下去，怎麼辦呢？」蔡文姬說：「明公

您馬廄裡的好馬成千上萬，勇猛的士卒不可勝數，還吝惜一匹快馬來拯救一條垂死的生命嗎？」曹操被她的話感動，就派人追回文書，赦免了董祀的罪。

經過這件事，董祀感念妻子的恩德，在感情上有了一百八十度的大轉彎，開始對蔡文姬愛護有加。

後來二人看透了世事，溯洛水而上，居在風景秀麗、林木繁茂的山麓。

這期間，蔡文姬還成功地整理了父親遺散的部分卷書，把她記住的幾百篇文章都默寫下來，為中國文學史挽回了一大損失。

小提示

　　蔡文姬回到中原後，飽受骨肉分離之苦的她在滿腔悲懷下寫成中國文學史上的絕世之作──《胡笳十八拍》。這首詩之所以稱為《十八拍》，是因為一共分成了十八個小段，每個小段為一拍，故此得名。

　　《胡笳十八拍》在漢樂府詩中的地位就相當於《念奴嬌赤壁懷古》在宋詞中的地位。蔡文姬採用文學手法，講述了自己如何從漢地被俘到匈奴，在匈奴如何生活，最後又是怎樣重新回到漢地。

曹操也會被「吐槽」
——丁夫人與曹操的結髮之情

都說英雄難過美人關，更何況是曹操打了勝仗、奪了城的時候。此時曹操是勝者，想要女人輕而易舉。可曹操卻不巧碰上了張繡守新寡的嬸嬸，本來張繡的嬸嬸碰上了曹操挺開心，可張繡不願意，一怒之下發動叛亂，曹操的大兒子曹昂和猛將典韋因此送了性命。

曹昂本來是曹操一手培養的準接班人，可是在關鍵時刻曹昂卻把自己的馬讓給了父親，這無疑是等於把活命的機會給了曹操。兒子曹昂死後，曹操自責難過，可比曹操更難過的是曹昂的母親——丁夫人。

丁夫人不僅是曹操最寵愛的女人，還是曹操的原配夫人。曹昂雖然不是丁夫人生的，但自幼是丁夫人帶大的，母子二人感情深厚。

曹昂的死，在丁夫人看來完全是曹操好色所導致，這也就造成丁夫人將一腔怨恨轉移到了曹操身上。

於是，丁夫人化身為魯迅筆下的「祥林嫂」，只要見到曹操就指責他害死了自己兒子，然後把曹操種種不是細數一通。開始的時候，曹操對丁夫人還很自責內疚，可時間久了也就漸漸煩了。畢竟曹操處在一人之下萬人之上的地位，平時只有他罵別人的份，哪裡有人敢對自己碎碎念。可丁夫人非但敢數落曹操，還數落個沒完沒了。終於有一天，曹操受不了了，不過他對丁夫人還是有很深的感情，即便是難以忍受也沒有對丁夫人凶半句，只是命人將丁夫人送回娘家。

其實，曹操原本是希望等丁夫人平靜一點再接她回來，可是在氣頭上難

免把話說重了點，這也就成了這對結髮夫妻之間的心結。

從這以後，丁夫人和曹操僵持不下。過了一段時間，曹操內疚不已，親自趕到岳丈家準備接丁夫人回去。他看見丁夫人正在織布，便走到她身後，撫摸著她的背說：「夫人，跟我一起坐車回去吧！」誰想丁夫人看也不看曹操，也不說一句話，這可讓曹操傷透了心。過了好久，曹操無奈地走到門外，可還是不死心地隔著窗戶問丁夫人：「真沒有復合的希望嗎？」丁夫人依然不回應。

曹操被丁夫人拒絕以後，心裡仍然有丁夫人，他天天派人來求丁夫人回去，但一次次遭到拒絕，終於讓曹操明白了丁夫人的決心。既然丁夫人不肯和自己復合，曹操還是要考慮丁夫人的幸福，於是，曹操寫了封信給丁夫人，大致意思就是既然丁夫人不願意和自己過了，那麼她想改嫁也可以。

曹操能做到如此其實已經很不容易了，以曹操當時的身分，能對一個女人這般委曲求全，可見丁夫人在曹操心裡的重要性。而這丁夫人仍然選擇拒絕曹操，她就這樣既不和曹操復合，也不改嫁，只是守在家中織布度日。

後來，曹操又娶了卞夫人，接連生過許多兒子，可是當曹操病入膏肓的時候，仍然滿懷愧疚地說：「我死了，在九泉之下碰到曹昂，他要是問我媽媽被弄到哪裡去了，我怎麼交代啊？」曹操心裡最柔軟的一角，到底還是留給了丁夫人，雖然兩人未能相伴到老。

　　曹操打敗袁紹，占領了鄴城，曾派人強行將丁夫人接到鄴城。丁夫人回來後，曹操喜不自勝，設宴隆重款待丁夫人。但丁夫人並不領情，吃完以後，讓人把她送回娘家。

　　溫情不能感化美人那顆絕望的心，曹操無計可施，只好看著丁夫人離去。

一語安撫眾人心

故事 42

——卞夫人臨危應變

曹操一生足智多謀、雄才大略，常言英雄還需美人伴。在他的一生中，有史料記載的妻妾就有十幾位，包括劉夫人、丁夫人、卞夫人、環夫人、秦夫人、杜夫人、王昭儀、李姬、宋姬、周姬等等。

在曹操眾多妻妾中，他最為敬重的是丁夫人，而他最為喜愛的，則是卞夫人。

曹操的結髮妻子丁夫人因為不能生育，曹操又娶了劉夫人。劉夫人在為曹操生下長子曹昂後不久就去世了，年幼的曹昂雖然失去母親，但卻沒有失去母愛。丁夫人在劉夫人去世後，一直盡心撫養曹昂，將之視為己出。但是曹昂長大後，一次隨父親征討張繡，不幸死於亂軍之中。丁夫人得知曹昂戰死的消息後，非常悲傷，將兒子的死因歸到曹操的頭上。說來也是，要不是曹操好色，勾引張繡的嬸嬸，張繡就不會叛亂，曹昂也不會受牽連而死。

丁夫人選擇離開曹操，回到了娘家。曹操也因為曹昂的死十分自責，覺得愧對丁夫人，因此終其一生對丁夫人既敬又讓。

如果說曹操對丁夫人念念不忘是因為愧疚之情，那麼他對卞夫人的喜歡則是出於卞夫人的賢良淑德。

卞夫人的出身並不高貴，卞家世代以歌舞伎為生，卞夫人從事的行業在當時雖然較為卑賤，但她本人的修養卻極好，不僅生得美貌動人，歌舞也高人一籌，而且性格恬靜溫柔，好像是出自大戶人家的小姐。

這樣的女人自然會讓曹操一見傾心。

卞夫人自嫁給曹操後，就開始以一個女人特有的溫柔和賢淑幫助自己丈夫成就事業。

涼州軍閥董卓作亂，率領大軍進入洛陽，利用他強大的軍事實力廢除少帝劉辯，又改立年幼的漢獻帝劉協。

董卓雖然是一介武夫，倒也懂得人才難得的重要性。他想拉攏曹操輔佐自己，就將曹操封為驍騎校尉，想要用高官厚祿拉攏他。曹操洞悉董卓作亂的野心，不願被董卓所驅使，但又苦於暫時沒有可以和董卓一較高下的實力，無奈之下只能帶著幾個親信，連夜逃出了洛陽。

曹操秘密逃走之後，曹家上上下下的大小事務都落到了卞夫人身上。卞夫人此時雖然只有三十歲，又是女流之輩，但是她的膽識和才幹卻絲毫不輸於當世的任何一個英雄。

不久，曹家就收到了一個來自袁術方面的消息，聲稱曹操已經死在出逃的路途上。曹府眾人得知後，頓時陷入混亂狀態，尤其是曹操的那些部下，大家都覺得此時群龍無首，而且還面臨著董卓隨時會剷除曹氏的危險。

因此，幾乎所有的部下都認為繼續留守曹操門下很不明智，有些人甚至已經開始整理包袱，準備走人了。面對家中的重大變故，卞夫人並沒有驚慌，此時的她挺身而出，只用幾句話就安撫了眾人驚慌失措的心。

因為情況緊急，卞夫人顧不得禮儀，親自從後房走到大廳，極為鎮定地對即將要四散離去的眾人說：「大家因為聽說了曹公已經遭遇不測的消息，想要離去，這也是人之常情。但是僅憑幾句傳言並不能確定消息是否可靠。雖然這條消息來自袁術那邊，但當今之世，動亂不堪，消息的真假實在是很難分辨。你們大家都是跟隨曹公征戰多年的將士，如果僅憑一條傳言就此離去，等到日後曹公平安返回，大家還有何面目來見曹公？我聽說大英雄都十分在乎自己的名節，現在諸位為了逃避未知之禍，就做此打算，難道不是把

名節看得太過輕率了嗎？」

卞夫人的一席話讓曹府眾人自覺十分慚愧，感到自己的見識還不及一個年輕女人，於是都表示願意聽從卞夫人的吩咐，留在曹府。

後來，果然像卞夫人料想的那樣，擾亂眾人心的不過是一條假消息，曹操平安回到了家中。

曹操從府中人口中得知卞夫人安撫眾人的這件事，也對卞夫人讚不絕口，佩服她的膽識和大局觀。

小提示

西元 187 年（中平四年）冬，卞夫人生下了曹丕，也就是後來的魏文帝。

曹丕出生的時候，有青色的雲整日籠罩其上，形狀如同車蓋。

有「望氣」的術士前來看吉凶，一見此雲蓋，頓時滿面肅然，認為這小嬰兒非比尋常。曹家人聽了很是歡喜，問術士這孩子前途如何？可否趕上他的祖上，也做一位皇帝親信大臣？術士連連搖頭，答道：「這不是人臣所配有的雲氣，而是至貴至尊的人主徵兆。」

虎女安能嫁犬子
——關羽之女的婚姻大事

諸侯割據的時代，各路豪強為了在這紛亂的時局中有所作為，想盡了一切辦法希望問鼎天下。

為了達到目的，他們往往會做出許多犧牲，其中自然也包括他們的婚姻。

因此，許多「政治婚姻」便出現了。

劉備自從占據荊州之後，又奪取了益州等地，實力越來越大，這便給東吳的孫權造成了很大的威脅。

孫權雖然十分忌憚實力大增的劉備，但是又礙於孫、劉聯盟的約定，不能明目張膽地和蜀漢政權反目，因為和劉備相比，曹魏的威脅更大。

既然不能公開翻臉，那麼就得從其他地方想辦法來牽制劉皇叔的實力。

想來想去，孫權想到了聯姻。

這時鎮守荊州的，是劉備的心腹關羽。關羽有一女兒，名字叫做關鳳，正是待嫁的年紀。孫權的兒子也已成年，正值婚配。關羽的勇武有目共睹，他對劉備的忠心也是不用質疑。於是孫權便想，如果能夠促成自己的兒子與關羽女兒的婚事，該是一筆多麼好的政治交易啊！這樣一來，就算將來和荊州起了干戈，關羽礙於女兒的安危也得對東吳有所忌憚。

打定主意之後，孫權便遣使來到荊州，向關羽提親。

按照孫權的想法，此次提親成功的可能性極大。一方面，自己主動向關

羽示好，作為父親，關羽一定會看重女婿家強大的背景；另一方面，自己是東吳最高級別的領導者，如果這門親事成了，從關羽的角度來說，實在是高攀。但是，事情的發展卻令孫權大感意外。

關羽在得知東吳使者的來意之後，不禁大怒，對仍在滔滔不絕勸諫關羽的東吳使者喝道：「休再多言！我關雲長所生的虎女怎麼能夠下嫁給一個犬子！這簡直是天大的笑話！」此時正是冬天，帳內放著一個取暖用的炭盆，關羽盛怒之下，一腳踢翻了身邊的炭盆，嚇得東吳前來提親的使者立刻退了出去。

關羽斷然拒絕了孫權為其子求婚的要求，這在當時許多人看來，都認為關羽性格太過高傲，不是真正懂政治的人。因為就連關羽的主公劉備自己，也曾為了保全和東吳的政治聯盟關係，娶了孫權的妹妹，結成了一樁目的明顯的政治婚姻。劉備能為了蜀漢政權的大局考慮，關羽怎麼就不能如法炮製，也將女兒嫁與孫權之子，為荊州的安危著想呢？難道他就不怕得罪了孫權？

持這種看法的人，實際上誤解了關羽。

關羽雖然表面看是一個勇猛過人的武將，但經過多年征戰的歷練，其政治能力絕不在劉備之下。他之所以怒斥東吳使者，實際上是對孫權求親這件事最好的解決辦法。

對關羽而言，在荊州鎮守的這幾年裡，不斷和東吳打交道，他對東吳的心思可謂一清二楚。孫、劉雙方雖然表面上是盟軍，但是東吳對於荊州這塊軍事重地的覬覦之心一直不死。此次東吳前來提親，孫權的本意並不在於兒女的婚嫁之事，而在於荊州這塊要地。如果答應了這門親事，不僅斷送了女兒的幸福，說不好還會讓女兒變成東吳要脅蜀漢的人質。

這樣的折本買賣，關羽自然不會答應。

再者，關羽是統領荊州的蜀漢大將。關羽之女若要嫁人，需得通知劉備，此時要是自己擅自做了決定，於理不合。何況關羽統領荊州時，權力已極大，

許多蜀中大將都對他有猜忌，如果關羽答應了孫權，勢必會引起人們的懷疑。況且，這一招也說不定是孫權特意為了分化劉備和關羽的關係而想出來的。

因此，關羽斷然拒絕了東吳的提親要求。

可是這拒絕又不能直接表達出自己對東吳的猜忌，於是，關羽也只能從一個驕傲、硬氣的父親角度出發，說出了「虎女安能嫁犬子」的拒絕理由。

小提示

史書中對於關鳳的記載極為有限，更多有關於她的經歷和故事散見於各種民間傳說。相傳，關鳳雖生得嬌小美麗，看似柔弱，卻繼承了父親關羽的性格，為人非常豪爽，能文能武，拜蜀漢大將趙雲為師，時常在戰場上廝殺，而且在諸葛丞相平定南蠻這樣大的戰爭中，都曾立下軍功。看來，關鳳也真配得上父親對她「虎女」的稱呼了。

最毒婦人心

故事 44

——袁紹娶錯老婆

　　袁紹出生四世三公的大家族，擊敗軍閥公孫瓚，占據著要地，統領強兵，鷹揚河朔。

　　身為一代大軍閥，一妻五妾的後宮配置在當時既平常也正常。

　　袁紹老婆劉氏，後世稱劉夫人，袁紹屍骨未寒，就做了一件極其出名而且媲美呂后的事。

　　袁紹剛抑鬱病故，屍骨還未收進棺材，眾人在突如其來的噩耗中沉痛不已，還沒來得及理智實施陰謀陽謀。而劉夫人思維敏捷，一下提高到大奸大惡之人的高度。加上袁紹一死，她在後宮大權總攬，再沒人壓制得住，就當著袁紹屍骨的面，命人把袁紹的五個小妾殺掉了。

　　可見劉夫人心底早就想除掉這些「狐狸精」，只是沒時機罷了。殺掉小妾後，劉夫人又怕小妾們與袁紹在陰間相遇繼續相親相愛，反而成就了袁紹的風流。為了不讓袁紹認得小妾們，劉夫人命人剃掉小妾們的頭髮，毀掉小妾們的容貌，還潑了墨汁。這一毀，容貌當然是再也認不得，甚至比鬼還要嚇人。

　　看著五個黑糊糊的「人」，劉氏才放下心來。

　　她的小兒子袁尚也助紂為虐，屠殺掉小妾們的家人，順應母心。

　　袁紹和劉夫人一共有三個兒子，按長幼分別為袁譚、袁熙和袁尚。袁尚生來俊美，連長得帥氣的袁紹都認為袁尚奇貌。劉夫人更是偏愛袁尚，多次

在袁紹面前有意提起袁尚，讚揚袁尚，一心想讓袁紹立袁尚為嗣，弄得人們誤以為只有袁尚是劉夫人所生。

長子袁譚，相比袁尚賢能得多，不僅在袁紹平定河北時就屢建戰功，在出任青州都督後，逐田楷、攻孔融，控制了整個青州。自古以來的立嗣原則中，年紀相當的就應該選賢能者，如果賢能程度不相上下，就應該用占卜來選，不然會招致禍亂。

在大義原則下，袁譚當然是繼承的不二人選。

在選繼承人這事上，本來對袁紹來說並不難，眾臣看來答案也顯而易見。但劉夫人卻按捺不住，偏偏要發表自認為的高見，全然不顧選袁尚立嗣會帶來的後果。

袁紹就在劉夫人的多次枕邊風吹拂下，竟然也漸漸對袁尚偏愛起來，覺得自己夫人意見中肯，也就有了立袁尚為繼承人的心思。

他在袁譚和袁尚二子中舉棋不定，一方面想順從民心，另一方面又被劉夫人軟了耳根。

繼承人定誰一直是個謎，結果謎底還未公開，袁紹就撒手人寰。

審配等人趁亂偽造遺命，使袁尚成了繼承人。

袁譚當然不服，憤恨滿懷。為了跟袁尚爭位，兄弟內戰徹底爆發。

薑還是老的辣，曹操乘機來攻，結果袁氏三兄弟身首異處，袁氏江山易姓為曹。

如若劉夫人安分守己，深明大義，不以婦人之心參與立嗣，也許袁紹就不會這樣搖擺不定，引發兄弟爭位殘殺，毀掉了大業。

當年項羽以殺掉呂雉威脅劉邦，劉邦一副你愛殺就殺，不以為然的樣子。在後來長達四年的楚漢戰爭中，呂雉一直被楚軍囚禁作為人質，受盡折磨。

這樣的經歷，也讓人對呂雉的陰險狠毒有了些許同情。但劉夫人呢，可能談不上養尊處優處處為大，但袁紹對她應該也是敬重的，才會經常聽她讚揚袁尚都不覺得心煩，連立嗣也受到她影響。如若袁紹泉下有知，自己的枕邊人看似大度，內心卻如此歹毒，也不免背脊發涼吧。

小提示

　　《群書治要》記載：「紹聽順妻意，欲以尚為嗣，又不時決定，身死而二子爭國，舉宗塗地，社稷為墟。邵雖弊乎？亦由惡婦！」袁紹性格固然有缺陷，不果斷，不願用賢才，而劉夫人的火上澆油，間接導致了袁氏的滅亡。

故事 45　泉下有知能安眠
——虎妻徐氏復仇

　　說起徐氏在三國的存在，大概和路人甲沒什麼區別。如果說徐氏是孫翊的妻子，還是有很多人不知道徐氏到底是何方神聖。畢竟三國的英雄太多，又有貂蟬、大小喬一類的絕色佳人豔壓群芳。

　　江東政權從老大孫策開創到老二孫權接班，看起來好像和老三孫翊沒什麼關係，這也難怪孫翊沒有存在感。

　　然而徐氏卻做了一件轟轟烈烈的事，令人驚豔了一次。

　　西元 203 年，孫權剛從亡兄孫策手裡接過江東政權沒兩年，彼時還沒有經過赤壁之戰，江東政權還只是偏安一隅的武裝集團，可隨著孫權一路橫掃，江東儼然正在逐漸變成中華大地上最強的勢力之一。

　　孫權即將進入輝煌霸業時期，自然要有得力幫手，孫翊當然是不二人選，畢竟是一母同胞。

　　孫翊順理成章被封為偏將軍，直接被孫權派到丹陽做太守。

　　起初，孫翊在丹陽對百姓很寬厚，因此很受愛戴，慢慢贏得了民心。

　　孫翊的事業蒸蒸日上，加上有孫權這個靠山，手下人應該都急著巴結孫翊才是。可偏偏孫翊手下邊鴻等人非但不巴結孫翊，反而嫉妒得要死。

　　都說女人善妒，這男人妒忌起來也很要命。

　　一天，孫翊出門送客，可就在他毫無防備的時候，被身邊的邊鴻等人用

亂刀砍死了。

本來前程大好的孫翊就這麼死在自己人手裡。

邊鴻等人殺了孫翊，自然不敢繼續待在江東，可想跑又不容易，乾脆直接逃到了山裡。

孫翊死後，年輕的徐氏接受不了這個事實，在靈堂上哭得死去活來。

可是，直到這時孫翊是怎麼死的也沒人知道，當事人不是死了就是逃了，孫翊之死成了懸案，想報仇都不能。

不過，面對夫君無緣無故喪命，年輕的徐氏可不想就這樣算了，雖然心痛萬分，可冷靜下來以後，轉而開始思考孫翊到底為什麼會橫屍街頭，以及要怎樣才能為他報仇。

於是，徐氏在丈夫的軍中挑選了一批既有俠義之腸又武藝高強的軍士，開始調查孫翊的死因。

邊鴻等人刺殺孫翊的事情畢竟是藏不住，矛頭很快就指向了邊鴻等人。

在徐氏的進一步調查中，得知邊鴻等人正藏匿山中。於是，她帶著軍士進山捕捉邊鴻等人。

將邊鴻抓到以後，徐氏親自監督，砍下了邊鴻等人的首級來祭奠丈夫孫翊。

本來徐氏的大仇已報，可就在這時，天降橫禍，原在軍中任督教的媯覽突然進入軍中非要把孫翊的妻妾及管家、婢女全部占為己有，這其中自然也包括徐氏。

可孫翊屍骨未寒，徐氏哪裡肯順從。

但媯覽到底不是善類，徐氏心裡明白硬碰硬只會讓事情變糟，只好強顏歡笑地說：「將軍厚愛，豈有不從之理？只是我夫新喪，眼前正是服喪期間，

妾身心情悲憤，如何能侍奉將軍？不如到了月底，讓我祭奠先夫後，脫去喪服，到時再順從將軍，豈不更好？」媯覽聽了徐氏的話覺得有道理，便樂呵呵回去等月底徐氏自己送上門來。

徐氏拖了一時，但到底拖不了太久，月底轉眼就到了。

這一天，徐氏擺上果品，點上香燭，跪在丈夫靈前一番祭奠後，脫下了喪服，塗抹了脂粉，前往和媯覽相約的地點。

當媯覽見到美豔的徐氏時，激動地走上前來，就在此時，只聽徐氏大喝一聲：「眾將不出來殺賊，更待何時？」媯覽大驚，想要逃跑，卻被事先埋伏好的孫翊舊部孫高、傅嬰等人攔住。

媯覽跪在地上乞求饒命，徐氏怒斥道：「夫君在世時，待你等不薄，你和戴員在我夫面前前呼後擁，竭盡忠誠。我也以為你們是忠良之士，在夫君面前數說你們的好處。想不到太守被人暗害，你不但不思為主人報仇，反而乘人之危，落井下石，強占嬪妾，甚至連我也不肯放過，這與禽獸又有什麼兩樣呢？我設計殺你，正是為夫報仇，為民除害，為國除奸！」

說罷，徐氏從孫高手裡接過利劍，對準媯覽心窩狠狠刺去。

小提示

　　孫翊被殺這天曾讓妻子徐氏為他卜卦，徐氏說是凶卦，勸孫翊不要會客。可孫翊堅持會客又親自送客。雖然平時孫翊出入都會佩刀，但當時因有醉意，所以空手送客，邊鴻便從後斬殺孫翊，那時郡中所有人都很慌亂，無人去救孫翊。

皇帝也救不了你
——伏壽暗殺不成反遭禍

故事 46

　　曹操一手遮天時，漢獻帝雖然仍然是名義上的君主，可還是得看曹操的臉色說話辦事。可誰都不是天生就逆來順受，更何況是帝王。

　　漢獻帝無法忍受這種高級囚徒的生活，就策劃一次反曹的行動。但他實在沒有力量，也不知道誰可以依靠，就給國舅董承寫了封血書，藏在衣帶裡，連同衣服一起賜給他，讓他奉詔勤王。但後來被曹操的特務系統發現而事跡敗露。

　　曹操不顧漢獻帝苦苦哀求，命人殺掉了懷有身孕的董貴人和一切與「衣帶詔」事件扯上關係的人。

　　後來，漢獻帝又聽從了伏皇后的意見，決定鋌而走險，結果又斷送了伏皇后的小命。

　　伏皇后雖然貴為皇后，可是皇后的尊貴她卻一點也沒享受到，反而處處要看曹操的臉色。

　　有了董貴人的事情在先，加上曹操接連把自己的三個女兒嫁給了漢獻帝，伏皇后日夜擔心自己有一天也會被曹操殺害。

　　人到了末路絕境的時候往往會激發出強烈的求生欲，伏皇后也是如此。自從董貴人死後，伏皇后就開始盤算著如何清除曹操這顆定時炸彈。於是，伏皇后給自己的父親寫了一封信，大致內容是講曹操如何兇殘如何危險，請求父親幫助自己除掉曹操。

不知道是伏皇后在深宮待久了不清楚曹操的勢力，還是伏皇后真的被逼急了而生出膽量，反正她的心意已決。

可伏皇后如此想，不代表她的父親伏完也這樣想。在伏完看來，與曹操對抗是送死，況且已經有董貴人被滅門的先例，何苦還要自取滅亡。

就這樣，伏皇后誅殺曹操的大計因為父親伏完的拒絕被擱置了。然而，這件事到此並沒有結束。

沒過幾年，伏完去世，原本的爵位由其子伏典繼承。

可就在伏典繼承爵位後沒多久，伏皇后謀殺曹操一事卻洩露了。

雖然伏皇后只是動了心思並沒有行動，可曹操還是為此事大動干戈，逼著漢獻帝廢除伏皇后，並且假傳詔書說：「皇后伏壽，由卑賤而得入宮，以至登上皇后尊位，自處顯位，到現在二十四年。既沒有文王母、武王母那樣的徽音之美，又缺乏謹慎修身養怡之福，卻陰險地懷抱妒害，包藏禍心，不可以承奉天命，祀奉祖宗。現在派御史大夫郗慮持符節策書詔令，把皇后璽綬繳上來，退去中宮，遷往其他館舍。唉！可悲啊！伏壽咎由自取，

【曹操殺董貴人】

未受審訊，幸甚幸甚！」而後，曹操又命尚書令華歆做郗慮副手，率著部隊到宮中抓捕伏皇后。

伏皇后見逃跑已經來不及了，就藏到一面牆壁的夾層裡。

華歆找不到伏皇后，就派人滿屋子搜尋，最後打破牆壁，親手扯住伏皇后的頭髮，把她從牆壁裡拽了出來。

伏皇后披散著頭髮，光著腳丫，被押到曹操的面前。

伏皇后對漢獻帝說：「你不能救救我嗎？」可漢獻帝哪裡還有做主的權力，只能感懷地說：「我也不知自己的性命還能延續到何時！」

後來，伏皇后被曹操關在掖庭，幽禁而死。她所生的兩位皇子也沒能倖免，都被曹操以毒酒殺害了，而伏氏宗族也遭到覆滅。

小提示

　　西元 190 年，董卓挾持漢獻帝到長安，伏壽以貴人的身分跟隨。五年以後，伏壽被立為皇后，其父伏完被封為執金吾，此時漢獻帝剛滿十四歲，而伏壽十五歲。

名副其實的女智囊
——辛憲英臨危斷大事

說到辛憲英時，已經是名副其實的三國時期了。

當時魏、蜀、吳先後建立，這位辛憲英正是曹魏大臣辛毗之女。

辛毗曾是曹丕的主要智囊，如果沒有辛毗，曹丕可能在奪嫡的過程中還會遇到更多波折。所謂虎父無犬女，有辛毗的良好基因和後天教育，辛憲英被冠以「智女」之名自然也不為過了。

當時，太傅司馬懿趁著大將軍曹爽陪同少帝曹芳前往高平陵拜祭魏明帝的機會，發動政變。

轉瞬間，洛陽城門關上了，整個京都無疑落在司馬懿的手裡。

此時，曹爽手下的魯芝和辛憲英的弟弟辛敞一同趕出洛陽，想要向曹爽報信。

皇帝的性命基本上已經捏在司馬懿的手裡，倘若皇帝死了，曹家自然也就不保。可年輕的辛敞當時只不過是曹爽身邊的一位參軍，這種政治變化對他來說實在難以看透。

危急關頭下，手足無措的辛敞想到了自己的姐姐辛憲英。

於是，辛憲英也被捲了進來。

辛憲英大概瞭解了一下情形，分析道：「天下事情沒有能預知的，但就我的判斷，太傅是萬不得已才發動政變。明帝駕崩之前，曾拉著太傅的手臂

囑咐後事，朝中人士對其遺言記憶猶新。曹爽與太傅同受明帝顧命，但是曹爽憑仗自己是皇親獨斷專權，行事驕奢，對王室可說是不忠，於人倫道理亦可謂不正直。太傅此舉，只不過是要誅除曹爽而已。」

辛敞繼續追問：「那此事可以成功嗎？」

辛憲英回答說：「當然會成功，曹爽的才能哪裡比得過太傅。」

辛敞這才長舒了一口氣，說：「那我就不必出城了。」

誰知，辛憲英卻勸道：「你怎麼可以不去！忠於職守是人倫的大義，我們知道別人有難，尚且會體察憐恤；如今你為人做事卻棄下自身責任，是不祥之事，不可以這樣做。受他人所任，為他人而死，是作為親信的職分，你不是曹爽的親信，只是出於責任而已。」

聽了辛憲英這一番話，辛敞只好跟隨魯芝斬關奪門而出。這件事自然是以曹爽被殺告終，可是辛敞的忠義之舉非但沒令他受到責罰，反而被加封。

這件事雖然只不過是一場政治鬥爭，從頭到尾也與辛憲英無關，可從辛憲英對局勢的掌控就可以看出她的才智。也正因有辛憲英的才智，才保護了弟弟辛敞的仕途和人生，更在亂世裡維護了辛氏家族的安穩。

小提示

　　辛憲英有「智女」之稱，唐朝名相房玄齡評價她「聰明有才鑒」，宋元之際的史學家胡三省更是佩服得五體投地，說其智識「有男子不能及者」。

孫權的三段姻緣
——步氏難修正果

故事 48

都說酒色不分家，孫權既然喜好飲酒，自然也不能少了愛色。

東吳的後宮一向都是走馬燈一般換人，其根本原因和劉備喪妻換老婆不一樣，而是因為孫權見異思遷。

孫權的第一位夫人是謝氏，是孫權奉母親吳太夫人之命明媒正娶的嫡妻。兩人婚後，孫權和謝氏的關係起初還很和諧，可沒過多久孫權就喜歡上了新娶的小老婆徐氏，而且喜歡到想廢了謝氏改立徐氏為嫡妻的地步。不過謝氏畢竟是吳太夫人親自替孫權挑的老婆，有吳太夫人這個後臺，孫權想要廢掉謝氏也不是一件容易的事。沒辦法，孫權只好硬著頭皮找謝氏商量，希望她「大度」一點，讓徐氏取代自己嫡妻的位置。可想而知，孫權自然是碰了一鼻子灰。被謝氏拒絕的孫權丟了面子，心想謝氏敬酒不吃吃罰酒，竟然一氣之下強行廢掉謝氏。

謝氏被廢以後，徐氏就有機會了。等到徐氏坐上了嫡妻的位置，東吳朝廷裡的官員可都不願意了。原來，從輩分上算，徐氏是孫權的表侄女，孫權不顧倫理將其納為正夫人，這也真是天不怕地不怕。

按理說，徐氏好不容易衝破層層阻礙當上了嫡夫人，以後應該安枕無憂了。可喜好美色的孫權本人可沒把這當回事，在他看來，徐氏仍然只不過是自己寵愛的一個老婆而已。一旦有了更好的目標，徐氏的下場和被廢掉的謝氏沒什麼兩樣。

果不其然，沒過多久又出現了一個步氏，此時當了嫡妻的徐氏還一心一

意以嫡母的身分撫養著長子孫登，而孫登算起來還是徐氏的表弟。

步氏有機會上位毫不令人意外，畢竟孫權也不是什麼安分的主。

這個步氏的出現差一點就能在孫權的心裡修成正果。

孫權一步步從吳王變為皇帝，步氏始終都是陪在孫權身邊的女人。

之前的謝氏、徐氏和孫權在一起，不過短短幾載，便遇上情敵落敗，可這步氏在孫權身邊竟然從來都沒有被孫權嫌棄，無論在誰的眼裡來看，步氏都將會成為孫權的皇后。

可是，步氏卻還是差了那麼一點，不是別的，只是自己的家族原因。

原來，孫權對步氏雖然寵愛，但也忌憚步氏身後的同族。彼時朝廷中的丞相都是姓步的擔任，步氏的勢力範圍始終呈現擴張趨勢，如果再把步氏封為皇后，孫權豈不是要看步氏家族的臉色說話辦事了。

孫權寵愛步氏，却始終沒能給她一個正式名分，步氏從頭到尾也只能被稱為步夫人。

步氏在孫權身邊待了十幾年，朝夕相伴，直到去世，也沒能修成正果得到皇后的名分。

小提示

　　步氏，原名步練師。當時廬江被孫策攻陷，步練師與其母親東渡長江恰好被孫權見到，就將步練師納為妾室。步練師在孫權的幾位妻妾中最受寵愛，並為孫權生下孫魯班和孫魯育兩位女兒。

　　西元238年，步練師去世，大臣們依著孫權的心意，請求追封步練師皇后的尊號。同年二月，孫權追封步練師為皇后，追賜印璽和綬帶。

女人是老虎
——孫大虎壞事做盡

孫大虎有這樣的外號，足見其個性的兇悍了。

其實，孫大虎的出身很好，她原名叫孫魯班，是孫權和步練師的長女，孫權當了吳國的皇帝以後，孫大虎便成了名副其實的公主。

可孫大虎好端端的公主福不去享，卻整天和別人過不去。

當時，孫權礙於步練師的外戚勢力，所以遲遲不肯立步練師為后，反而想立王夫人。

不立步練師而立王夫人，這對孫大虎畢竟有影響，不過更重要的是孫大虎一向不喜歡王夫人，甚至可以說是到了憎恨的地步。也因此，孫大虎嫉恨起了王夫人的兒子孫和。

後來步練師去世，孫和被立為太子，這就更讓孫大虎不滿了。別看孫大虎和孫和是一個父親生的，可小心眼的孫大虎就是容不下孫和。

等到孫權臥病不起的時候，孫和出於孝心到宗廟為孫權祈福，正巧他妃子的叔父張休府邸就挨著宗廟，出於禮儀便邀請孫和到家中做客。

本來是無關緊要的小事，可這事被孫大虎知道了，就開始搗亂了。

孫權病重，身為人女的孫大虎不操心怎麼盡孝，反而不嫌事亂地跑到孫權身邊，狀告孫和假借去宗廟實際是去張休家密謀造反。

這件事以後，報復心極強的孫大虎一發不可收拾，既然孫權被病痛纏身

自顧不暇,她正好可以趁機挑撥不利於自己的關係。

後來,孫大虎又向孫權報告說見到王夫人容光煥發面露喜色,好像很期盼孫權去世一樣。

孫權還真就信了,把王夫人罵了個狗血淋頭。

王夫人被孫權無緣無故責罵,雖然不知道其中原因,可心裡還是很委屈,久而久之,她陷在抑鬱的情緒中走不出來,最後死去了。

王夫人死後,孫和失去母親的依靠,加上孫大虎時不時在孫權面前挑撥,也慢慢失去了孫權的寵愛。

孫權雖然已經疏遠了孫和,可孫和畢竟還是太子。趁著孫權此時寵愛潘夫人及幼子孫亮,孫大虎就巴結上潘夫人母子,同時又極力建議孫權立孫亮做太子。沒過多久,在潘夫人和孫大虎兩個女人的左右夾攻下,孫和的太子之位再也無法保住了。

孫和被廢以後,孫亮立即被立為新太子。

可孫和並沒有因此倖免,在被趕到新都生活以後,孫大虎一黨的人又刺死了孫和。

但孫大虎的野心已經遠不及此,孫和死後,孫大虎又開始企圖立魯王孫霸。這時候孫大虎的所作所為已經不是報復誰的問題了,而是想要謀朝篡位。

孫大虎此時陷入了瘋狂的境地,在謀立魯王這件事上,她找自己的一母同胞妹妹孫魯育幫忙。

不過這姐妹二人的想法並不一樣,被妹妹拒絕的孫大虎也因此對妹妹產生了憎恨之心,且時刻擔心孫魯育揭發自己。

西元 255 年,孫儀等密謀誅殺權臣孫峻,不料事情敗露,無奈之下,孫儀只能自殺。

這件事正好給了孫大虎報復自己妹妹的機會，便趁機誣陷孫魯育是孫儀的同謀，就這樣，孫魯育也被殺害了。

小提示

孫大虎初嫁周瑜的兒子周循，周循死後，改嫁全琮，因此她也被稱為全公主。孫大虎壞事做絕，後來事情敗露，被廢遷到了豫章郡，而孫大虎的同夥則被流放至零陵郡。

第三章 計謀篇

說不盡的爾虞我詐

天子在手誰敢不服
——勤王圖霸計

　　曹操這個名字，在三國之後的歷代中國人幾乎是無人不曉，但曹操的形象總是屬於戲臺上的白臉奸臣一類，不在好人列。

　　然而歷史上，曹操其實是一個頗有作為的王者，是十分了不起的人物。細想一下，若不是赤壁之戰失算於周瑜、諸葛亮，按照當時的態勢，曹操大軍肯定會馬躍長江，進而滅掉孫吳，下一步入主西川。要知道，當時的劉備儘管文有「諸葛」、武有「關張馬」，但總體實力相差甚遠，那點人馬已經不堪一擊。真要如此的話，中國歷史上就不會出現三國時代，而是一個曹操開創的曹氏朝代。

　　曹操當時之所以能具備如此雄壯的實力，得益於他統一了當時的長江以北廣大區域，而完成這一重大歷史使命的，完全依靠勤王圖霸之計。

　　曹操的出身儘管稱不上顯貴，但在當時絕對屬於「官二代」。年輕時期的曹操嫉惡如仇，單人持刀想暗殺當時獨霸朝野的董卓，被識破後急中生智騎馬逃脫，回到家鄉之後感覺要成就大事必須要有自己的軍事力量，這才招兵買馬成立自己的隊伍。

　　歷史也給了曹操成就霸業的機會。

　　在司徒王允利用貂蟬巧使連環計滅掉董卓之後，董卓舊部馬上聯合打擊呂布。呂布可以領人逃走，可堂堂的一國之君不能也像一般人那樣四處瞎跑吧，所以需要有人來護駕。

　　這時，在山東一帶具備一定軍事實力的曹操很快成了朝野中議論的話題。

　　曹操控制的區域距離洛陽比較近，本人更有不顧個人安危「暗殺董卓」的光榮歷史。皇帝身邊的人就推薦了曹操勤王護駕，而此時的曹操也正在自家的「一敵三分地」考慮如何來到皇帝身邊。

　　這樣，曹操的主觀想像和漢室皇廷的客觀實際不謀而合。

　　曹操迅速抓住這次機會，馬上派大軍直逼洛陽，很快將董卓的舊部人馬打得落花流水，幫助皇室穩定了中原局面。

　　不過此時皇帝（還有朝野掌權之臣）對曹操仍有疑慮，畢竟有董卓之事在前。可隨後發生的事情讓朝野瞪大了雙眼：曹操數月之內又擊破了汝南、潁川的黃巾反叛人馬，這等功勞要不封賞就有點說不過去了。朝廷只能封曹操為建德將軍，稍後不久又升任鎮東將軍，加封為費亭侯。費亭侯曾是曹操祖父曹騰的封號，從中可以看出朝廷對曹操的重視程度。令人意想不到的是，曹操居然婉言拒絕。這一招讓朝中對他存有顧慮的人放寬了心。

　　這年秋天，漢獻帝入駐洛陽，隨後曹操也進軍洛陽保衛京城，皇帝賜曹操節鉞，標誌著曹操對中央朝政的實際控制，「挾天子以令諸侯」的局面形成。皇帝的人身安全得到了保障，那肯定就要嘉獎曹操。這樣一來，曹操在朝野中的地位明顯升高，可謂權傾朝野。

　　洛陽經董卓破壞，已殘破不堪，董昭等勸曹操定都許。

　　曹操勤王成功，下一步就要稱霸。他廣攬人才，逐步選取要攻下的「異己」目標。做好計畫之後，下一步就要求皇帝下聖旨討伐所謂「逆賊」。其他的地方武裝在這種政治態勢下首先就處於下風，加上曹操用人得當，很快便走上了自己人生事業的巔峰時期：張繡、孔融、公孫瓚、呂布、劉表、馬超、韓遂、袁術等一系列割據軍閥，倒在曹操的鐵蹄之下。更讓曹操揚名天下的是官渡之戰，以少勝多，徹底擊潰北方最大的軍事集團袁紹，威震四方。

西元 204 年七月，曹操攻下河北袁氏的根據地鄴城，從本年起，曹操把自己的據點北遷到了冀州鄴城，朝廷的政令、軍令此後都從這裡發出，而漢獻帝的都城許則只留下個別官吏。

從此後，正當壯年的漢獻帝十幾年間不敢違背曹操的意志，只能屈身於曹操。

最後，曹操在建安十二年（西元 207 年）徹底擊潰袁尚、烏桓聯軍，消滅了袁氏集團，統一了中國北部。

小提示

勤王圖霸計，即挾天子以令諸侯。曹操本來只是朝中的一個普通官吏，但憑著自己的英明機智，逐漸成為北方霸主，很大程度取決於曹操在用人方面能做到「唯才是舉」。曹操打著皇帝的旗號來籠絡文武人才為自己所用，然後征伐四方，進而成為三國時代最著名的政治家。

「官渡之戰」勝利的秘訣
──扼喉待變計

故事 51

　　依靠「勤王」得以圖霸的曹操進駐許都後，在漢室皇廷的大招牌下，政治和軍事實力開始明顯增強。

　　他先後打敗了呂布和袁術，勢力範圍擴展到兗州和徐州。

　　此時，北方的另一個政治軍事集團袁紹也在不斷擴充實力，並且因為樹大根深，實力在曹操之上。

　　「一山難容二虎」，歷史上以少勝多的「官渡之戰」就此上演了。

　　開戰之初，袁紹就率領精兵十萬南下，直撲河南地界。曹操集手中僅有的一萬人馬進駐到易守難攻的官渡，阻擋袁紹兵馬的進攻。

　　曹操首先用聲東擊西的計策解「白馬之圍」，斬殺了袁紹的大將顏良，首戰得勝，挫敗了袁紹的銳氣。

　　袁紹馬上分進合擊，結營進兵，最終和曹操在官渡形成對壘的局面。

　　袁紹軍營兵多馬壯，不斷修築營壘，還堆了一個很高的大土堆，然後讓弓弩手居高臨下箭射曹營。曹軍也讓工匠製作霹靂車，高拋石頭襲擊

【袁紹】

袁紹的軍營。

三個月下來，雙方在官渡相持不下。

曹操這邊畢竟兵少將寡，後勤供應也無法和樹大根深的袁紹相比，相持時間一長，後方就要出亂子：其中江東孫策就想乘曹操和袁紹交戰之機突襲許都，只是孫策不幸遭遇了暗殺，才讓曹操沒有了後顧之憂。

隨著雙方相持時間不斷延續，曹操終於失去堅守下去的耐心。

終於有一天，曹操看到運送糧草的軍士疲憊不堪，一向愛惜將士的他忍不住了：「我一定在十五天之內擊敗袁紹，不讓你們這麼辛苦了。」曹操很信賴謀士荀彧，就將自己準備退兵的想法寫信告訴了遠在許都的荀彧。

荀彧很快回信說：「袁紹主力部隊都在官渡集結，就是想和我軍決戰。我軍這是在以最弱抵抗最強，如果不能抵擋住，必定會給對方可乘之機。如果這次作戰不能打敗袁紹，袁紹就會稱霸北方，這是左右天下的大好機會。當年楚、漢在滎陽、成皋之間，劉邦、項羽沒有人肯先退一步，雙方都認為先退的就會在士氣上失利。現在主公以一當十，扼守戰略要地，讓袁紹不能前進已經半年了。形勢很快就會明朗，根本不能有迴旋的餘地，不久就會發生重大的轉變。這正是出奇制勝的時機，主公萬萬不要失去戰機。」

曹操終於明白了，決定繼續堅守等待最佳戰機，同時加強防守，命令負責後勤補給的將士採取十路縱隊為一部，縮短運輸隊的前後距離，並用複陣（兩列陣），加強護衛，防止袁軍襲擊；另一方面積極尋求有利的戰機以擊敗袁軍，加派曹仁、史渙等將軍截擊、燒毀袁軍的後勤糧車，增加了袁軍的補給困難，讓袁紹很是心煩。

機會終於來了：到了十月，袁紹派大將淳於瓊率兵一萬護送糧草，囤積在袁軍大營以北約二十公里的故市（河南延津縣內）、烏巢（今河南延津東南）一帶。這時，袁紹謀士許攸因為受到袁紹的冷落來投奔曹操，他建議曹操派兵奇襲烏巢，燒掉袁紹的後勤物資。

曹操立即開始了行動，留下曹洪、荀攸堅守營壘，親自率領步騎五千人，冒用袁軍旗號，人銜枚馬縛口，各自都帶著準備放火用的柴草，利用夜暗走小路偷襲烏巢，到達後立即圍攻放火。

袁紹得到曹操襲擊烏巢的消息，一方面派輕騎兵過去救援，另一方面命令張郃、高覽率重兵猛攻曹軍大營。

但曹營本身堅固再加上早有防備，所以袁紹攻打不下。

而曹操帶領部隊襲擊烏巢時，袁紹增援的部隊已經趕到。曹操身先士卒，結果大破袁軍，斬殺淳於瓊等，並將其糧草全數燒毀。

袁紹的部將張郃、高覽聽說烏巢被毀，就投降了曹操，導致了袁紹軍心動搖，內部分裂，大軍開始潰敗。

曹軍先後殲滅袁軍七萬餘人。

袁紹無奈，只能帶八百騎兵倉皇逃回河北地界。

至此一戰，北方已經無人能和曹操抗衡，為曹操統一北方奠定了堅實的基礎。

小提示

西方著名軍事家拿破崙曾經說：「一場戰役的勝敗往往取決於最後五分鐘。」這句話在官渡之戰中十足體現出來。如果曹操當時自作主張領人馬撤退的話，士氣肯定就會低落，而袁紹就會乘機大舉攻擊，讓曹操處於極度不利的局面。尊重人才的曹操沒有這麼做，他採納謀士的高深見解做出了正確決斷，打敗袁紹，成就了霸業。

劉備這才保住了命
——仗義招才計

劉備因為私下聯絡曹操惹惱了呂布，最終被呂布從小沛趕了出來。

此時的劉備如喪家之犬無所依靠，只能寄人籬下去投奔曹操。

曹操和劉備後來在徐州白門樓勒死呂布之後，回到許昌。

這時候劉備只能和關張二人暫時依附於曹操。

到許都之後，漢獻帝和劉備論上了親戚，隨後稱劉備為皇叔。此時的漢獻帝已經察覺曹操的不臣之心，「衣帶詔事件」正在密謀之中。曹操手下部分謀臣勸說曹操早日幹掉劉備，免得劉備日後「尾大不掉」，曹操嘴上說：「劉備在我手心裡，我擔心什麼？」

曹操是三國時期首屈一指的政治家，他非常清楚劉備的底細：仁義為天下的老百姓擁護，天下數一數二的虎狼之將關羽、張飛還都是劉備的「生死兄弟」，這些都足以說明劉備的雄才大略。而著名的「煮酒論英雄」就發生在此間。

曹操和劉備誰都不甘為人下，他們都是三國時代的政治家，此時卻要同在大漢朝廷下聽命。常言說，一山不容二虎，當時，曹操正處於事業的上升期，且勢不可擋；而劉備此刻正處於顛沛流離狀態，泥菩薩過河自身難保，無奈之下才投靠曹操。這期間，劉備必須隱藏自己的「龍行虎步」，不要讓曹操和其手下人發現自己的「野心」，而且要做到滴水不漏才行。比如，關羽在許田圍獵之時就險些動了刀。

曹操手下有很多謀士，他們都認為劉備非一般人可比，此人若留著，早晚有一天要成就霸業。但是對於劉備去留，曹操內部意見很不一致。荀彧、程昱認為劉備是當世英雄，必須除掉，留下的話說不定將來有一天會因禍上身。郭嘉認為，既然都說劉備是天下英雄，那就不能殺，因為殺了之後天下的英雄志士就會對曹操望而卻步，誰還肯投奔曹操共謀天下呢？曹操心知肚明，他也知道劉備肯定不會久居人下，有一天會與自己逐鹿中原，但曹操也覺得殺劉備不利於招攬人才，而得不到人才便難以成就大事業，所以不能殺。

　　為此，曹操還特地向朝廷舉薦劉備做豫州牧。

　　曹操這一招很是高明，讓天下人見識他大英雄的氣度。之所以被天下人稱為英雄，那做事就不應該用小人招數，而應該正大光明地分出高下。相反的，殺掉劉備勢必讓天下的有志之士投靠他人，而招來更多強大的敵人和自己對抗，那樣對自己是極為不利的。況且，劉備當時並沒有顯露出英雄本色，因此留著劉備未嘗不是好事。

　　曹操因為善待劉備，引來很多智謀之士前來投奔，讓曹操統一了長江以北的廣大區域，最終成就了霸業。

小提示

　　如果曹操當時殺死了劉備會導致什麼結果呢？劉備三分天下的可能就不會有了，可關張趙馬黃和諸葛亮之類的非凡人物就會投靠他人，最終對抗曹操。曹操殺死劉備的同時，也是在毀掉自己的霸業，正是因為曹操保全了劉備，也註定三分天下的可能。

藏在幕後的劊子手
——借刀殺人計

曹操在官渡之戰擊敗了袁紹，隨後乘勢對袁紹展開追殺。心高氣傲的袁紹失利之後，倉皇逃回冀州，急火攻心很快病死。

他的兩個兒子袁尚、袁熙頂不住曹操大軍的進攻，只得帶領殘兵敗將退往遼東地界。

曹操平定河北之後，帶領大軍很快向遼東逼近。當時，遼東太守是公孫康，手下兵將不少，具備一定的軍事實力。

公孫康雖說不是曹操的死敵，但並沒有臣服於曹操。

這樣一來，袁氏的餘部再加入進來，兵合一處將打一家，真要聯合起來對付曹軍的話，勢必會對曹操的霸業構成一定的威脅。於是，曹操的部下有人就向他提議，乘袁氏兄弟在遼東立足未穩、公孫康和袁氏兄弟還沒有做好聯合作戰準備之際，馬上出兵展開進攻，將公孫康和袁氏兄弟一舉殲滅，以免將來養虎成患。

這樣的提議有一定的道理，畢竟袁氏兄弟屬於「喪家之犬」。他們來到遼東人生地不熟，要和公孫康聯合肯定還需要時間的磨合。曹兵迅速出戰，說不定就能將他們各個擊破，不僅消滅了袁氏殘餘部隊，還能順勢剿滅公孫康，收復遼東。

此時，曹操的謀士郭嘉在易州養病，但對當時的局面瞭若指掌。在他病危之時，已經對遼東的事情有了判斷，並及時向來探望自己的曹操提出來。

曹操很英明，當即領會了郭嘉的用意，開始對提出要出兵遼東的將軍們極力勸阻，採取了按兵不動的策略。

果然不出郭嘉的預料，事情並沒有按照一般人的料想發展。由於曹操沒有出兵遼東，這讓公孫康反而對袁氏兄弟起了戒心。

因為袁紹在世稱霸一方時，就曾經打過遼東的主意，現在袁氏兄弟來到遼東，還真對遼東動了心思。

二人感覺公孫康手握重兵，有足夠的實力抗擊曹操，此時如果殺掉公孫康占領遼東地盤，將來肯定能東山再起。可此刻公孫康手下謀士也不是白吃飯的，他們向公孫康提出建議：如果曹操向遼東出兵，那就聯合袁氏兄弟一起抵抗曹操；如果曹操沒有進攻遼東，那袁氏兄弟恐怕就有反客為主的可能，我方必須先行動手，不然說不定就會陷於被動。

就這樣，曹操按兵不動，坐觀其變，公孫康果然開始謀劃如何滅掉袁氏兄弟。在袁氏兄弟準備覲見公孫康的時機，公孫康抓住機會暗地裡埋伏下刀斧手，然後抓準時機痛下殺手，砍殺袁氏兄弟，隨後派人將袁氏兄弟兩顆人頭送給了曹操，表達自己願意歸順曹操的意願。

就這樣，曹操沒有出動一兵一卒，就得到了袁氏兄弟的人頭，還招降了遼東太守公孫康。

從這裡可以看出謀士郭嘉的遠見卓識：借刀殺人，巧妙利用公孫康和袁氏兄弟的矛盾，讓他們內訌，進而達到自己坐收漁翁之利的目的。

曹操沒有耗費一兵一卒，不僅誅滅了自己的對手，還乘勢收復了遼東疆土。毋怪乎曹操對郭嘉的去世非常痛心，以至於後來在赤壁決戰大敗的那天放聲大哭：「痛哉奉孝（郭嘉，字奉孝），惜哉奉孝……」他相信如果郭嘉在世，自己肯定不會在赤壁遭此慘敗，足見郭嘉在曹操心目中的地位。

　　如果當時曹操聽從了大家的提議，馬不停蹄攻打遼東，那公孫康情急之下肯定就會不惜代價快速聯合袁氏兄弟。這樣一來，他們會在遼東迅速形成一股對抗曹操的勢力。曹兵連年作戰，已經疲憊，倘若有個閃失，就會兵敗遼東。所謂一著不慎滿盤皆輸，說不定此戰就會影響曹操統一北方的大計。

想什麼偏不做什麼

故事 54

──聲東擊西計

　　曹操在北方群雄中真可謂所向披靡，攻無不克戰無不勝：官渡一戰以弱勝強，擊敗強於自己幾倍的政敵袁紹；徐州一戰挫敗呂布，使得曹操勢力不斷擴充。不過，曹操在北方也有吃敗仗的時候，而且還曾在一人面前吃過兩次敗仗。

　　這人是誰？

　　張繡！

　　曹操首次討伐張繡，就損失大將典韋和兒子曹昂，讓他領略了張繡的不凡能力。

　　經過一段時間的厲兵秣馬之後，曹操帶領兵馬第二次討伐張繡，大軍包圍了南陽城。

　　張繡帶領人馬和曹軍交戰不利，自己知道不是曹兵的對手，無奈之下只得緊鎖城門，依靠南陽城寬闊的護城河死守城池。

　　曹操久攻不下，就命令士兵運送土石填河，還讓工匠做雲梯，他站到雲梯上瞭望南陽城裡的情況。

　　後來，曹操騎馬繞著南陽城不停地走，一直轉了三天，他發現南陽城東南角的城牆已經有毀壞的痕跡，是突擊的一個缺口。

　　這下曹操心裡有了底，回到軍帳，馬上命令將士在南陽城西北角準備柴草，集結兵馬，做好大舉攻城的準備。

曹操這一招是聲東擊西之計，他確定南陽城東南角是突破口，就虛張聲勢，準備在西北角攻城，引誘城內的張繡人馬到西北角來，自己則暗地從東南角突擊進城，打張繡一個措手不及。

　　曹操沒有想到的是，張繡的一位謀士賈詡已經看破了他的計謀。賈詡在城牆上早已將曹操的舉動看在眼裡，他向張繡說明曹操的真實動向，隨後提議：應該讓老百姓假裝成士兵，在南陽城西北角集結，裝出一副準備迎擊曹兵的樣子；集結精兵埋伏在城東南角，一旦曹兵從那裡攻擊，即可回擊。

　　果然不出賈詡所料，曹操看到城內張繡將士在西北角集結，東南角兵力空虛，以為是張繡中了自己的計策，馬上命令手下將士按照自己的原定計畫，做好從東南角進攻的準備。

　　白天，曹操命令士兵攻打西北角，開始虛張聲勢，夜間悄悄地在東南角集結精兵。

　　夜深人靜時刻，曹操認為攻城的最佳時機已經來到，立刻下令行動。

　　曹兵很快爬過壕溝，砍開鹿角，突進城內。

　　此刻，曹軍居然發現南陽城內一片寂靜，正要衝殺時，只聽一聲炮響，張繡親自帶領伏兵殺了出來。

　　曹兵受到這突然的攻擊之後馬上大亂，很快敗退出城外。

　　張繡乘勢追殺，一舉將曹操趕出數十里。

　　張繡這一戰不僅解了南陽之圍，還斬殺了曹操幾萬人馬，讓曹操元氣大傷，從此不敢小視張繡。

　　曹操自以為聲東擊西，將張繡的人馬調離自己攻擊區域，自己再乘虛而入，一舉突破南陽城。殊不知螳螂捕蟬黃雀在後，賈詡居然將計就計，讓曹操再次折戟於南陽。

這次作戰讓曹操真正見識了賈詡和張繡的能力。

曹操本身愛惜人才，這為賈詡和張繡後來歸順曹操奠定了基礎。

小提示

　　兩次交手都讓曹操吃了苦頭，使得張繡和賈詡後來投奔曹操之後都得到了重用。曹操表奏皇上，封張繡為宣威侯、破羌將軍；而賈詡後來協助曹丕稱帝，被封為太尉、魏壽鄉侯。

感情不夠深厚的代價
——離間計

　　曹操在北方不斷擴充勢力，一時間所向披靡。他愛惜人才，在作戰中遇到好的謀士或者武將，總要想辦法弄到自己身邊，讓其為己所用。

　　但是勇冠三軍的馬超，卻始終是曹操的「肉中刺」。

　　曹操找到機會，很快再次將討伐的目標瞄準了馬超。

　　馬超感覺自己勢單力孤，就拉了韓遂一起對抗曹操。

　　韓遂見曹操不斷攻城掠地，遲早有一天會打到自己頭上，就答應了馬超。

　　這樣一來，馬超和韓遂合兵一處，和曹操擺開了戰場。

　　當時，曹操兵多將廣，實力雄厚，和馬超、韓遂的聯軍相比之下，雙方差距很大。

　　隨著交戰的延續，馬超和韓遂明顯抵不住曹軍的攻擊，出現敗勢。

　　韓遂當年和馬超的父親馬騰交情不錯，後來在聯合進攻李傕與郭汜的作戰中結成了異姓兄弟。可是因部曲間的矛盾，馬騰、韓遂二人成為仇敵，韓遂殺掉了馬騰的妻子，二人連年交戰，曹操還派人從中說和。

　　從這一點上來說，馬超和韓遂有過恩怨，韓遂這次和馬超聯合抗曹也是情非得已。

　　此時，韓遂感受到曹操實力的強大，自己這一方不是人家對手，就想偷偷跟曹操講和。於是派出心腹人員來到曹營，向曹操說出了自己的想法。

曹操表面答應了韓遂，隨後和謀士商議對策，如何才能讓馬超、韓遂二人自相殘殺，自己坐收漁翁之利，從而達到一石二鳥的目的。

　　此時，三國時期著名的謀士賈詡已經投降曹操，他向曹操提出了用離間計拆散馬超和韓遂的聯軍。

　　就這樣，曹操和賈詡密謀之後定了一條離間計。

　　第二天，曹操和馬超、韓遂對陣時，故意將韓遂叫到陣前。曹操和韓遂二人本來是老朋友，這次馬頭相交，在一起說了很長時間。但是，曹操和韓遂的談話並沒有涉及政治和軍事話題，只是談論京都的往事與老朋友們，高興時還拍手歡笑。

　　會面結束後，心下狐疑的馬超等人趕忙問韓遂說：「韓將軍和曹操說了些什麼？」韓遂回答：「沒有說什麼。」但讓馬超起了疑心。

　　後來，曹操又派人給韓遂寫了一封信，故意不小心落到馬超手中。馬超看信，信中有一處塗抹得很厲害，馬超根本看不清楚。

　　曹操所做的這一切終於讓馬超對韓遂喪失了信心，而韓遂也感覺馬超偷看自己的信件是對自己不信任。

　　於是，曹操的目的達到了，馬超和韓遂兩家的聯盟已經不復存在。

　　曹操明白決戰的時刻到了，於是與馬超等約定日期進行會戰。

　　曹操先派輕裝部隊進行挑戰，與馬超等大戰多時，才派遣精銳騎兵進行夾擊，大破馬超軍隊，斬殺馬超的部將成宜、李堪等。而此時，韓遂並沒有出兵協助馬超。

　　等曹操擊敗馬超之後，又大舉攻擊韓遂。

　　這下韓遂、馬超只得逃奔涼州，曹操終於大獲全勝。

　　常言說：內不合則外人欺。韓遂和馬超本身有冤仇，曹操就抓住這一點使用離間計。話又說回來，如果曹操想在「桃園三結義」的劉關張三人身上用離間計，那是肯定不行的，因為這三人關係是真正的「鐵三角」。

容不得你再放肆
——甕中捉鱉計

故事 56

曹操統一北方之後，還想將自己的人生事業做大做強，把江南收到自己手下，進而統一天下。

躊躇滿志的曹操沒有想到的是，赤壁一戰被孫權和劉備的聯軍打得損兵折將、一敗塗地，大傷元氣之後狼狽逃回北方。

不過，曹操統一天下的雄心壯志之火依然在心中燃燒，他養精蓄銳，打算找機會再次進軍江南，一舉滅掉劉備和孫權。

不過，此一時彼一時。

當時，馬騰在西涼地區，手中握有重兵，更有勇冠三軍的兒子馬超。曹操想再次南下，可擔心馬騰趁中原空虛，襲擊自己的後方。

這時，荀攸給曹操出了一個主意：表奏漢獻帝，加封馬騰為征南將軍，然後下令讓馬騰帶領自己的隊伍討伐孫權。這樣一來，馬騰肯定就不會懷疑曹操的用心了。等馬騰來到京城之後，尋找機會除掉他。

荀攸的計策首先是請君入甕，然後

【中國戲曲裡的馬騰形象】

再甕中捉鱉。

曹操感覺不錯，於是就按照荀攸的意思開始辦理。首先奏明漢獻帝，讓漢獻帝下詔加封馬騰為征南將軍，到京師領命準備出兵東吳。

漢獻帝不敢怠慢，即刻按照曹操的意思下了聖旨。

馬騰非常瞭解曹操的為人，知道曹操在京師權傾朝野，朝中大小事情都是他說了算，所以接到聖旨有點猶豫。但是細想一下，皇帝聖旨中除了加封自己官職之外，還準備讓他討伐孫權，如果自己不去，就等於抗旨不尊、大逆不道。

左思右想了一番之後，馬騰將兵馬留給自己的兒子馬超，然後去了京師。

馬騰以為有馬超在西涼手握重兵，量他曹操不敢把自己怎麼樣。但是馬騰想錯了，他來到京師之後就再也沒有回到西涼。

馬騰來到京師，就等於入了曹操的手掌心，切莫說朝中的一位普通大臣，即便是當朝天子也要看曹操的臉色行事。

京師的武裝力量基本都在曹操的控制之下，馬騰來到這裡就等於將性命交到曹操手中了。

曹操看到馬騰上鉤了，就將馬騰老老實實「看死」在自己眼皮底下。

馬騰來到京師完成自己入朝為官的心願，可還想為皇上出把力，除掉奸賊曹操，就和黃奎欲討伐曹操，但事情還是敗露了。

馬騰和兒子馬休、馬鐵全部被殺，夷三族。

馬騰的死訊傳出後，馬超為了替自己的父親報仇，就聯合韓遂在西涼起兵反叛，正式和曹操撕破臉皮，開始和曹操成為仇敵。

曹操害死馬騰，讓馬騰乖乖地來到自己手中，然後再想辦法除掉，這就是他「挾天子以令諸侯」的優越之處。曹操想處理誰，完全可以讓當朝皇帝

下令讓誰怎麼樣，如果不聽從，那就是不聽當朝皇帝的話，就是違抗君命。如果聽從，那便是順著曹操的意思來辦。曹操正是利用了這一「天時」的有利條件，再加上自己善用人才，所以讓很多英雄豪傑敗在自己手上，成為三國時期首屈一指的政治家。

小提示

　　《三國志》記載，馬超的父親馬騰當時並非是被曹操誘騙到許昌，而是他自願歸降曹操。曹操為了安撫涼州的諸侯，對他還是不錯，封了他衛尉。馬騰也把家都搬到了許昌，準備過安穩幸福的後半生。但是後來曹操謀劃進攻漢中張魯的時候，鐘繇就勸曹操說：「先別急著進攻，如果我們從長安出兵向西，必然會惹起馬超和韓遂的懷疑，以為我們假道伐虢。」曹操並沒有採信，也許他認為馬超有人質在自己手裡，投鼠忌器，不敢造反；也許他就是想挑撥馬超造反，解決這個在北方唯一能夠威脅自己的力量。他放出風聲，說自己要出兵漢中。果然馬超置自己的父親和家人於不顧，真的造反了，曹操馬上殺了馬超全家三百多口，並且在潼關一帶擊敗了馬超。

蜀國是這樣興起的
——以逸待勞計

劉備進入四川之後，文有蓋世奇才諸葛亮，武有勇冠三軍的五虎上將「關張趙馬黃」，實力雄厚。

曹操感覺自己統一天下的困難進一步增大，就集中了人馬來取漢中，打壓劉備的勢力。

這樣一來，曹操和昔日的老對手劉備再次對陣沙場。

雙方在漢中地區你來我往開始交戰，相持一年多時間互有勝負。

為了打破僵局，劉備一面命令身在益州的諸葛亮增兵，另一方面帶領大軍南渡漢水，在定軍山下紮下大營。

曹操手下大將夏侯淵帶領人馬來攻打定軍山，很快和劉備形成對峙局面。

夏侯淵自己帶領輕步軍守衛南部大營，讓張部守衛東部大營。

劉備求勝心切，夜間帶兵攻打曹軍的東部大營，張部抵擋不住，向夏侯淵請求增援，夏侯淵馬上分出一部分人馬

【黃忠】

增援張部。

這樣，雙方再次形成對峙局面。

劉備手下有兩員著名的老將：黃忠和法正。

其中，黃忠十分勇猛，而法正比較精通謀略。

法正仔細查看了定軍山的地理環境，他發現定軍山以西有座寶劍峰，比定軍山還高，就勸黃忠搶先占領這座山。

老將黃忠感覺有道理，立刻帶領人馬占據了寶劍峰。

這樣一來，便將定軍山地區雙方的陣營虛實盡收眼底、一目了然。

法正根據當時的情況，提議讓黃忠帶領人馬守在半山腰，自己帶領人占據山頭。

他又和黃忠約定，等夏侯淵領兵趕到，法正舉起白旗的時候，黃忠按兵不動；法正舉起紅旗的時候，黃忠才可以下山出戰。

法正這樣的佈局的確給魏軍帶來很大威脅，夏侯淵明顯感覺到巨大壓力。但他也是能征慣戰的名將，如何能被區區一個老匹夫牽制？他很快集中了優勢兵力前來攻打寶劍峰，想扭轉這種被動局面。

曹兵來到山下，很快擺開陣勢。夏侯淵隨後命令士兵在陣前叫戰，讓黃忠下山受死。黃忠抬頭看山上，法正那裡正高高地舉著白旗。黃忠無奈，商議好的辦法如同軍令，必須執行，他只好耐著性子，等待法正的紅旗出現。

山下的夏侯淵全副武裝等著黃忠下山交戰，可士兵罵陣罵了半天，黃忠就是沒有動靜。夏侯淵大意了，他認為山上的黃忠肯定是被自己的陣勢嚇住了。想到這裡，他鬆懈下來，只管讓士兵罵陣，自己坐下來想歇息一下。

他的舉動，山頭上的法正看得清清楚楚，看準時機一到，法正馬上將手中的白旗換成了紅旗。

半山腰的黃忠早已等得不耐煩，看到出擊信號發出，立刻拍馬舞刀就衝下山來。已經懈怠的夏侯淵此刻看形勢不妙，重新披掛想再次上馬，但是已經晚了。

老將黃忠看得分明，他飛馬趕過來，舉刀就向夏侯淵劈了過去。可憐一代名將夏侯淵，還沒等準備好就被黃忠取了首級。

山下曹兵沒有了主將，馬上亂了套，很快出現潰敗現象。

接下來，整個漢中區域曹兵的陣勢也出現混亂，軍心動搖，節節敗退。

老將黃忠因為定軍山一戰斬殺了夏侯淵而立下大功，從「討虜將軍」晉位升職為「征西將軍」，劉備在漢中稱王時又封黃忠為「後將軍」，與關羽、張飛、趙雲、馬超同列為「五虎上將」。

小提示

定軍山一役是漢中之戰的一部分，是劉備和曹操漢中爭奪戰的開始，也是打破蜀魏兩軍漢中長久對峙僵局的關鍵性一戰。夏侯淵血灑定軍山，成就了蜀漢老將黃忠的英名和蜀漢王朝的事業，奠定了三國鼎立局面的基礎。因夏侯淵的離世和定軍山的失守，最終讓劉備在漢中戰事的成果不斷擴大，以至於曹操親臨漢中也無法挽回敗失漢中的結局。

「坐收漁利」也滿足不了的野心
——趁火打劫計

故事 58

東漢末年，年少的漢靈帝非常寵信以張讓和趙忠為首的十二個宦官集團，歷史上稱之為「十常侍」。十常侍玩小皇帝像逗小孩玩兒一般，對國家則橫徵暴斂、賣官鬻爵，他們的父兄子弟親信很多，橫行鄉里，禍害百姓，無人敢管。

提及十常侍，那就不得不說到何進這號人物。何進本來是個殺豬的，因為自己妹妹嫁到宮中被封為貴人，又為漢靈帝生下了皇子劉辯，被立為皇后，何進也因此受到朝廷的重用，官拜大將軍高位，手握兵權。

當時，十常侍要立陳留王劉協（就是後來的漢獻帝）為帝，也得到了後宮董太后的同意；而何進主張立何皇后之子，也就是少帝劉辯為帝。兩派爭鬥很激烈，雙方都想置對方於死地。

後來，何進直接在漢靈帝的靈堂上立了何皇后之子劉辯為皇帝，下一步就想趁機將十常侍一網打盡，但迫於何皇后的壓力一直沒能下手。

不甘心的何進想借外軍之手消滅十常侍，就想起了遠在西涼且手握重兵的董卓。

何進馬上秘密奏明皇上，請求皇帝下密旨讓董卓進京。

這時，遠在西涼的董卓收到何進讓自己進京救駕的密令，猶豫不決，因為董卓也知道當時京師複雜的局面，擔心引火焚身。

董卓手下有一位著名的謀士叫李儒，他對當時的局面看得很明白，極力

181

奉勸董卓以「奉詔救駕」為名，抓住這次機會進京奪取政權。

董卓聽從了李儒的計謀，率領西涼大軍迅速向京城進發。

董卓還沒到京城，京城就出現了動亂。

因為何進和把持朝綱的「十常侍」矛盾激化，十常侍設計殺死了何進，何進的部將袁紹馬上帶兵殺進皇宮，斬殺了「十常侍」，還為此錯殺不少人。

京城一片混亂，漢少帝和陳留王倉皇之間逃離了皇宮。

帶領兵馬還在半路上的董卓，聽到京師亂到這步田地，心裡急成一團火：此刻自己大軍進駐京城，不僅能替皇上平息事態，還可以在皇帝面前立下不世之功，為成就霸業打下堅實基礎。

想到這裡，董卓馬上下令部隊加速前進，想趁京城混亂之時衝進去，用自己的優勢兵力奪取京城的霸權。

果然，董卓帶領大軍在城外就遇到了落難的漢少帝。

面對人多勢眾的董卓，臣子們都被鎮住了，只有陳留王（後來的漢獻帝）和董卓說了京城的事變經過。

董卓由此觀察到陳留王比漢少帝要好一些，就動了廢立皇帝的主意。他認為只要廢掉漢少帝，改立陳留王為皇帝，那今後朝中的所有事都是自己說了算。

董卓在朝中站穩腳跟之後，利用一次文武百官都在場的機會，提出了廢立皇帝的計畫，但隨即就遭到幾位大臣的強烈反對，其中就有丁原。

董卓馬上想辦法買通了丁原的大將呂布，讓其歸屬自己名下，隨後斬殺了丁原。

丁原一死，朝中其他大臣沒人敢再吭聲。

於是董卓廢掉漢少帝，改立陳留王劉協為皇帝。接著，他又害死了漢少

帝，處死了何太后，並將都城從洛陽遷到長安，逐漸將朝政大權完全控制在自己手裡。朝中大臣的任免、重大事件的決策，都由董卓一人說了算。他將自己升遷為太尉，成為三公之一，掌管全國軍事事務，後來又自封郡侯、拜國相，躍居三公之首，掌管宰相權力。

當時，董卓雖然名為「一人之下，萬人之上」的國相，但實際上卻遠遠超越皇帝。

小提示

　　董卓「趁火打劫」入駐京師，利用手中的武裝力量控制朝野。他倒行逆施，為人殘忍，最後招來天下十八路諸侯討伐。雖說在遷都長安後諸侯聯軍瓦解了，但朝中大臣王允利用美人計，最終讓呂布殺死了董卓。而東漢政權經過這樣打擊，慢慢走向衰敗，為後來的三國鼎立埋下伏筆。

讓你不聽勸
——順手牽羊計

西元 219 年，孫權派軍隊奇襲荊州，最終占領這座城池，一代名將關羽被迫走麥城並被吳兵擒殺，吳、蜀兩國從此結下仇怨。

西元 220 年，曹丕廢掉延續了四百年的大漢王朝最後一個皇帝漢獻帝，隨後自稱皇帝。

西元 221 年，劉備在益州也自稱皇帝，年號章武。同年，劉備為了奪回荊州，為關羽報仇，親自率大軍準備攻打東吳。

孫權聽說劉備要和自己決戰，感覺難以招架，和群臣商議之後，就派遣使臣請求和好，重新結盟共同對付曹魏政權。

劉備不接受，痛罵吳國的使者，蜀吳之間的矛盾達到白熱化。

劉備稱帝三個月之後，帶領大軍開始向東進攻，自此三國時期又一次著名的夷陵之戰正式爆發。

按理說，當時三國鼎立，吳國和蜀國兩家打得正急，魏國絕對是處於十分有利的位置，曹丕大可以聯合蜀國一舉滅掉吳國。

比較當時各國的文臣武將評估實力，吳國難以抵抗一個蜀國，如果魏國此刻再次陳兵赤壁，那情況要比當年赤壁之戰的政治條件優越很多。

當時是曹操一家對付兩家，現在是吳國對付兩個國家，失敗的肯定就是孫權了。

但事情卻沒有這樣發展。

剛剛稱帝的曹丕只顧剷除自己朝中的異己，進而鞏固自己剛剛建立的政權，因此錯失了這樣的好機會。

當時，魏國著名的謀士劉曄曾經向曹丕提議：蜀吳兩國大戰，這是上天要讓這兩個國家滅亡，此刻如果派一名大將帶領幾萬精兵渡過長江進攻吳國，魏、蜀聯手，那孫權政權肯定堅持不到半個月就會無以為繼；不渡江參戰也可以，那就讓蜀、吳兩國爭鬥，魏國也可坐收漁翁之利，等雙方打得筋疲力盡之後再收拾殘局也行。不管怎麼說，劉備和孫權兩家打起來，曹魏不應該按兵不動。

然而曹丕並沒有聽從劉曄的提議，一門心思依然在如何鞏固自己北方的政權。

聲勢浩大的夷陵之戰終於在南方的大地上演。但是，作戰還沒開始，蜀漢又一位名將張飛死在自己部將手裡。他率領幾萬精兵從閬中抵達江州，準備與劉備會師之後一起進攻吳國。可惜在出發前，就被部下張達、範彊所殺，這兩個人還將張飛的人頭送到孫權面前去邀功。這更升高劉備對孫權的仇恨。

儘管再次折損一員大將，但劉備不為所動，依然統領大軍向東奪取峽口，攻入吳國境內。

孫權向劉備求和不成，決定一面向曹魏求和，承認曹丕是皇帝，吳國是曹魏的附庸國，避免自己兩線作戰的危險；一面派陸遜帶領軍隊迎擊劉備大軍。

陸遜不負孫權的期望，用以逸待勞的方法，首先阻擋了蜀漢軍的攻勢，隨後在章武二年（西元 222 年）八月，於夷陵一帶打敗了劉備的蜀漢軍隊。

孫權打敗劉備，取得了夷陵之戰的勝利，回過頭檢討，認為向曹魏稱臣是對自己的屈辱，因此想和曹丕分庭抗禮。

此刻，北方的曹魏當權者曹丕感覺自己的皇帝位子坐穩了，於是派兵攻打吳國，但是前後兩次出兵都無功而返。

騙得你團團轉
——調虎離山計

三國時期出現不少本領高強的英雄，無論是呂布還是馬超，都是其中的佼佼者，然而他們在三國史上卻有如曇花一現，始終沒能占據主角位置，歸根結底，他們並不是本領不夠，而是不會動腦。

軍事較量尤其如此，除了兵力、裝備的比拼，更重要的是一個好的軍師，有了好的策劃團隊才能取得勝利。

劉備正是認識到這點，才不惜冒著風雪三次請諸葛亮出山。事實證明，劉備得了諸葛亮以後才進入事業的黃金時期。

年輕的孫策當時拿著孫堅從井裡撿來的玉璽，換了兵力，到江東開創事業。除了靠自己的勇猛，最重要的還是他的智慧。

西元 199 年，孫策繼續向北推進，希望能夠一舉奪下江北盧江郡。可盧江郡南邊有長江之險，北邊有淮水阻隔，是典型的易守難攻之地。加上此時割據在盧江的軍閥劉勳勢力強大，孫策想要拿下盧江郡機會微乎其微。

可盧江郡對於孫策來說是志在必得，既然硬拼打不過，就只能智取了。

孫策召集眾將，共同商議如何對抗劉勳，最終想出了一條調虎離山之計。

人總是有弱點，大軍閥劉勳的弱點卻是最容易被抓住的，他的貪財之心一看就知道。

孫策便利用這個弱點，派人給劉勳送了一份厚禮，外加一封書信。

劉勳打開書信，只見信中孫策說的全是劉勳如何如何英勇，自己對劉勳多麼仰慕，又表示希望能與劉勳結交，總而言之就是把劉勳往天上捧。接著，話鋒一轉，孫策在信中說上繚經常派兵侵擾自己，如果劉勳能夠相助，他將感激不盡。

劉勳被孫策吹捧得有點找不到方向，一時間很有做老大的感覺。他心想：既然自己的小弟孫策被人欺負，自己當老大的怎麼能不拔刀相助呢？加上劉勳早就覬覦物資豐富的上繚一帶，此時「軟弱」的孫策開口了，正好可以借此機會奪取上繚，免去後顧之憂。

當劉勳浩浩蕩蕩發兵前往上繚的時候，早已備好兵馬的孫策大喜道：「老虎已經被我調出山了，我們趕快去占據牠的老窩吧！」就這樣，孫策率領人馬水陸並進的襲擊了盧江。由於盧江的主力軍都已經被劉勳帶出去了，留下守城的士兵戰鬥力薄弱，孫策這一戰幾乎沒遇到頑強的抵杭，就順利控制了盧江。

孫策毫不費力地拿下了盧江郡，但還是要戒備劉勳回來報仇。可此時的劉勳早已被拖在上繚戰場，當他得知盧江有難的時候，恍然明白中計的劉勳只能接受事實，灰溜溜地投奔了曹操。

小提示

調虎離山是打虎計策之一，目的在削弱對方的抵抗力，減少自己的危險。在軍事上是指，如果敵方占據有利的地勢，並且兵力眾多，我方應把敵人引出堅固的據點，或者把敵人引入對我方有利的地區，這樣才可以取勝。在政治鬥爭中，這一計用得最多。

你的官早晚是我的
——反客為主計

故事 61

　　當宦官和外戚兩股勢力打成一團，造成血洗內宮的時候，董卓反倒大搖大擺抱著天子入主了洛陽城，白白撿了一個大便宜，而韓馥也跟著從中撈到好處，被封為冀州牧。

　　原本發動政變的大功臣袁紹卻被董卓趕到冀州，給韓馥當手下，這口氣袁紹憋在心裡，雖然嚥不下但還是要忍。

　　後來董卓玩過火了，惹得沒一個人看他順眼，各地忙著打仗的軍閥都放下了爭地盤的事，「組團」來討伐董卓。

　　至於袁紹，少不了有自己的打算。可出兵打仗最重要的軍餉掌握在頂頭上司韓馥手中，袁紹就不得不低三下四討好韓馥。

　　袁紹越想要軍餉，韓馥越是不給，時間久了，袁紹對韓馥的怨恨之心可想而知。

　　這時，有個叫逢紀的謀士對袁紹說：「想要成就大事，沒有自己的地盤是不行的，只有站住了腳跟，才能攻擊別人。冀州地大物博，就是你很好的選擇。而韓馥平庸無能，不如你暗地讓公孫瓚率軍南下，韓馥得知後必然恐懼。此時你只需和韓馥講一下待在冀州的危機性，韓馥的位置自然就要讓給你了。」

　　袁紹一聽，這不僅能擺脫韓馥的管束，還能自己當老大，實在是兩全其美，於是便給公孫瓚寫信。

公孫瓚接到袁紹的通知，果然出兵攻過來了，韓馥開始看到公孫瓚是打著討伐董卓的旗號，也就沒當回事，等發現其實是攻打自己，這下可著急了。

雖然平時韓馥處處壓制袁紹，可他心裡明白袁紹有領兵之才，這時候也只能找袁紹商議對策。

韓馥不商量還好，一商量得到的都是負面評估。

袁紹身邊一眾人等輪番和韓馥分析利害關係，都說公孫瓚來勢洶洶實在難以抵抗，想要保命難啊。一番恐嚇之下，韓馥真就害怕了，畢竟他從來不是想做大事的人，只是希望能夠當個官撈點好處，可不願意拚死拚活，搞不好哪天命就沒了。

韓馥被嚇得沒了主意，於是問荀諶：「既然現在情形如此危險，我應該怎麼辦呢？」

荀諶說：「您自己想一下，在寬厚仁愛、容納待人、民心歸附方面，比起袁紹，你們誰強？」

韓馥說：「我不如他。」

荀諶又問：「面臨危難出奇制勝的智謀勇氣，你們誰強？」

韓馥說：「我不如他。」

荀諶再問：「家世方面，你們誰強？」

韓馥回答：「我不如他。」

荀諶說：「現在冀州危急，而您對戰公孫瓚又沒有勝算，不如將整個冀州交給袁紹，袁紹會感激您。而公孫瓚見到袁紹也不敢輕舉妄動，這不是兩全其美嗎？您又能得到一個讓賢的名聲，以後的地位只會比現在更高。」

素來膽小怕事的韓馥想到天下的軍閥都太兇悍，自己沒招誰沒惹誰就要挨打，這冀州牧的活他不能幹下去了，不然哪天再來一個公孫瓚，搞不好連

命都丟了。

　　想到這裡，他就接受建議，將冀州牧的位置讓給了袁紹。

小提示

　　袁紹當上冀州牧後，封韓馥為奮武將軍，但既沒有兵，也沒有地盤。後來，袁紹任命他與朱漢做同事，朱漢曾與韓馥有過節，韓馥擔心朱漢會報復自己。一次，袁紹派使者去見張邈，韓馥也在場，就在商議機密時，使者突然和張邈耳語起來。在一旁的韓馥擔心自己會被算計，過一會，韓馥起身走進廁所，拿起刮削簡牘的書刀結束了自己的性命。

變臉比翻書還要快
——笑裡藏刀計

有了赤壁之戰的鋪墊，孫、劉聯軍徹底粉碎了曹操的統一大業，也因此奠定了天下三分的格局。

此後，劉備開始迅速擴大勢力，以拉鋸戰的方式和曹操搶奪地盤。

西元 215 年，劉備在漢中戰場大敗曹操，給了正在鎮守荊州的關羽一個挑戰曹操的機會。

在關羽看來，此時曹操剛剛戰敗，軍隊進入疲憊混亂期，正是討伐的好機會，並且又得到劉備和諸葛亮從大本營西蜀發來攻取襄陽的命令。於是，關羽信心十足的率兵出發了。

原本孫、劉組成聯盟軍，到後來撮合出政治聯姻，都是秉持著敵人的敵人就是朋友這一原則。如今關羽都要單獨披甲北伐曹操了，互相利用的價值也就不存在了。

既然大家已經撕破臉，荊州這塊地方孫權也沒理由再讓著劉備了。

不過，奪取荊州硬碰硬來還不行，得用智取。畢竟現在處於保持實力階段，不能一開始就暴露自己的兵力，浪費自己的資源，所以說這荊州雖然是勢在必得，但怎麼拿下荊州還是一門學問。

這邊孫權盤算著荊州問題越想越激動，似乎已經把荊州版圖納入了自己的統治範圍，而另一邊的關羽還渾然不覺孫權的心思。在關羽心裡，此時只有一件大事，就是攻打曹操。

很快，關羽就率著自己的軍隊跑到樊城去和曹操搶地盤了。不過這時關羽還是留了一個心眼，並沒有把全部兵力帶到戰場，仍然留有重兵防守荊州地區。

　　不過沒關係，呂蒙有攻心計等著關羽呢。

　　在呂蒙的精心安排下，關羽終於落入圈套，認定荊州是無人侵犯的安全區，於是把留守在荊州的兵力都帶到戰場上，摩拳擦掌要和曹操來場硬仗。

　　關羽此時犯了驕兵必敗的錯誤。在關羽眼裡，東吳始終只能依靠地勢才能保全自己，根本沒有占據天下的實力。的確，孫權的陣營缺乏能威震天下的武將，這也就給了關羽輕視的理由。關羽既然鄙視東吳，對東吳的防備也就減弱。可孫權反而更要提防關羽，不可一世的關羽一旦北伐成功，必定會乘勝掉過頭來攻占東吳，那時候東吳可就危險了。

　　因此在呂蒙的分析下，孫權最終制定了一套作戰方案：徐州四戰之地，在此地作戰，北兵驍騎所長，南兵舟楫所短，縱然攻取，沒有七八萬兵力不能堅守，如是那樣，東線我軍和曹操兵勢相交，不得卒解，萬一西線劉備再乘虛而入，那結果就可能是我們全軍覆滅；不如襲取荊州，全據長江之險；況且劉備、關羽反覆無常，他們曾經傍陶謙、奔曹操、投袁紹、依劉表，和誰都沒有誠心相處過，這樣的盟友怎麼能靠得住，不如趁此機會以絕後患。

　　有了這層考慮，呂蒙就要先發制人了。

　　當關羽前腳率領著大軍浩浩蕩蕩出兵北伐，後腳呂蒙就開始著手準備偷襲荊州。

　　當然，呂蒙打荊州的主意也不能太明顯，不然引起敵人懷疑有了警戒，事情就不好辦了。

　　於是，呂蒙要先演一場戲。

　　這場戲從呂蒙裝病開場，接著，孫權看到呂蒙已經「病入膏肓」，便將

其召回建業，派出沒有名氣的陸遜替代呂蒙的位置統領部隊。

打醬油的陸遜到任後，開始給關羽寫信，內容無非是要求得到庇護，言詞卑謙，軟弱無能。

關羽一封信不回，陸遜就繼續寫第二封，反正就是沒完沒了。

這下可讓原本就鄙視東吳的關羽更看不起孫權了，冷笑表示對東吳不屑一顧，原本對東吳的一點防備徹底沒了。

沒了戒備的關羽直接下令，將留守在荊州、公安防備東吳的大批部隊，全部派往襄、樊前線，全力討伐曹操的軍隊。

關羽把軍隊一調走，呂蒙的計畫也就完成了一大半。此時荊州空虛，正是呂蒙的機會。

呂蒙從「病榻」上奇蹟般的站起來，當即佈置軍隊著手作戰，而呂蒙自己也秘密返回了前線。

做好準備後，呂蒙派出精兵埋伏在商船內，又讓搖櫓的兵士穿上商人的白色衣服，晝夜兼程沿江西進。沿途每經過一個關羽在江邊設立的哨卡，呂蒙都會派出打扮成商人的士兵隱蔽接敵，加以拔除。

等到關羽的防守點快被呂蒙拔除乾淨時，關羽也沒有發現呂蒙攻過來了。待呂蒙的大軍突然出現在荊州城下，招呼都沒打一聲就發動進攻時，荊州的守軍想要防守已經來不及了。

呂蒙沒費多大力氣就攻下了荊州，等到關羽反應過來時，想出兵支援早就來不及了。

小提示

　　笑裡藏刀，是三十六計中的第十計。此計是用在軍事上、政治外交上的偽裝手段，用來欺騙、麻痺對方，掩蓋己方的行動。這是一種表面友善而暗藏殺機的謀略，運用時不要讓對方看出你的意圖，要轉移他的視線，擾亂他的思維，出其不意打擊他。

掉進危險的「溫柔鄉」
──美人計

故事 63

三國時期，群雄割據，戰亂紛爭，漢帝名存實亡。

當時的朝廷宦官弄權，外戚何進欲剷除宦官，於是召西涼董卓入朝。

但是董卓還在路上，何進便已被宦官謀殺。

董卓進入洛陽之後盡殺宦官，不久更是完全控制了朝政。

董卓為鞏固已經取得的朝廷大權，決定廢除少帝，擁立年僅九歲的陳留王劉協為帝，也就是漢獻帝。

接著，董卓命令自己的手下帶著鴆酒，毒死了少帝及何太后。

在那之後，董卓自封為郿侯，不久又晉位相國，加斧鉞虎賁，帶劍履上殿，出入僭天子儀仗，漢獻帝像一個木偶任他擺佈。

董卓的暴行激起了司徒王允的憤慨，雖然他平日做事小心翼翼，凡事都要先稟報董卓然後才施行，其實是為了讓董卓放鬆警惕，不再提防自己。

王允暗地裡設法除去董卓，然而董卓時刻有呂布護衛，一般人難以接近，王允便決定先從呂布這裡打開缺口。

王允先是將金銀珠寶送與呂布，然後漸漸與呂布往來熟識，但是珠寶並不足以使呂布與董卓反目。

王允正在愁思莫展之時，看到了府裡的婢女貂蟬，於是心生一計。

第二日，王允邀請呂布來家中吃飯，一連敬酒好幾杯，然後讓貂蟬上前

陪酒。

呂布看見貂蟬時驚為天人，貂蟬又是頻頻舉杯，暗送秋波，呂布早已被迷得神魂顛倒。

而後，王允又讓貂蟬伴著奏樂舞上那麼一曲，看得呂布心醉神馳。

呂布回頭問王允：「此女何人？」王允說是義女貂蟬。

呂布又問及曾否嫁人，王允又答言未嫁。

呂布聽後，還在歎不絕口。

王允直說道：「將軍如果不嫌棄，當送與將軍為妻。」

呂布一躍而起：「司徒可是真話？」

王允微笑說：「美女當配英雄，天下英雄惟有將軍，還恐小女不配，怎得說是虛言呢？」

呂布倒身下拜說：「承司徒見賜，恩重如山，布誓當圖報！」王允即與呂布約定迎親的吉期。

呂布歡喜而去。

過了兩三天，王允瞞著呂布請董卓前來赴宴，然後讓貂蟬跟著董卓回了相府。

不久這件事為呂布所知，呂布責備王允負約，王允佯裝歎息，說了幾句深淺莫測的話，挑動呂布的怒氣。

呂布拍案大罵董卓，衝動地嚷著要去殺董卓，王允急忙攔住，與他密議多時，遂定約而去。

不久後的一天，呂布趁董卓前往宮中拜見皇帝之時，與那李肅合夥斬殺了董卓。

　　美人計，出自三十六計，又語出《六韜·文伐》：「養其亂臣以迷之，進美女淫聲以惑之。」意思是，對於用軍事行動難以征服的敵方，要使用「糖衣炮彈」，先從美色上打敗敵方的將帥，使其內部喪失戰鬥力，然後再行攻取。

故事 64　騙過群雄的「影帝」
——詐降計

三國時期，曹操率領大軍攻打東吳。

曹操水軍多由北方人組成，他們不適應水上生活，不少人因顛簸暈船而發生疾病。

後來，曹操接受了龐統的計謀，將戰船拴在一起。

這樣一來，曹操的戰船或三十艘一隊，或五十艘一組，都用鐵鎖連在一起，並在船上鋪了木板，士卒戰馬往來如履平地。

暈船的問題解決了，不僅士卒為之歡呼，就是久經戰陣、深明兵法的曹操，面對穩如泰山的船陣，也自以為得計。

東吳的大將軍周瑜想出了火攻曹操大營的計畫。

正在此時，早就投降了曹操的荊州水軍將領蔡和兄弟前來投降。其實這二人是受了曹操委託，前來詐降的。周瑜早已清楚，但是不點破，打算來個將計就計。

周瑜很愉快的接納了兩人，但是私底下，卻與另一名東吳將軍黃蓋商議火攻曹軍的計畫。

黃蓋向周瑜提出，要想在曹營痛痛快快放把大火，一定要有個內應，這樣才能發揮火攻的效果。

計畫雖然有了，但是問題也來了：該由誰做這個內應呢？又該怎樣讓曹

操相信這個內應呢？

黃蓋繼續提議：不如就讓我假裝去向曹操投降，然後派一個親信給曹操傳遞降書。現在東吳官員都是主和不主戰，我們可以當眾演一場戲，表現出我是主和派。

第二天，周瑜召集諸將於大帳之內，他讓各軍休整以待，打起精神，做好破曹的作戰準備。

然而黃蓋卻打斷周瑜的話，自顧自地說：「做再多的準備也是無濟於事，如果打不過，還不如早些投降了曹操好。」周瑜聽完這些話之後是勃然大怒，喝斥黃蓋擾亂軍心。

而黃蓋自然是不服氣，硬要和周瑜爭執，氣得周瑜兩手發抖。

這件事以後，有了老臣黃蓋做主和派的領頭，東吳的將領更加不願意和曹操開戰了，士氣低下可想而知。

有了前面的鋪墊，接下來就算是有將領叛變降曹自然也不奇怪了，何況黃蓋已經在東吳快要混不下去，留下來早晚會被孫權處死。

等到黃蓋的降書送到曹操眼前的時候，曹操早已從安插在東吳的探子那裡得知了黃蓋的處境，自然對黃蓋投降的心意深信不疑。

在其後的一段時間裡，黃蓋透過親信進一步和曹操約定了投降時的暗號和標識。

曹操對黃蓋投降也始終沒有懷疑。

建安十三年十一月二十日，孫、劉聯軍已做好大戰前的準備與部署。

是夜將近三更時分，東南風漸起，且越來越急。

黃蓋將準備好的二十艘大船，裝滿蘆葦和乾柴，澆淋魚油，鋪好引火用的硫磺等物，然後用青布油單遮蓋好，船頭還釘滿大釘，船上又樹起詐降的

聯絡標識「青龍牙旗」。

每艘大船後面各繫著行動便捷的小船「走舸」。

黃蓋還特派小卒持書，與曹操約定當晚來降，周瑜也安排好接應黃蓋的船隻和進攻的後續隊伍。

江北的曹操，正在大寨中與諸將等待消息時，黃蓋的密信送到。信中稱，因周瑜關防甚嚴，黃蓋一時無計脫身，巧遇鄱陽湖運糧船隊到寨，周瑜遂命黃蓋巡邏，這才有了出營的機會。於是，定於當晚二更來降，插著青龍牙旗的船隊就是來降的糧船。

曹操見書大喜，與諸將來到水寨的大船之上，專等黃蓋的到來。黃蓋座船的大旗上，寫著「先鋒黃蓋」四個大字。他指揮著詐降的船隊，乘著呼呼的東南風向北岸疾進如飛。

當曹操看到黃蓋的船隊遠遠駛來時，高興異常，認為這是老天保佑他成功。但曹操的部下程昱卻看出了破綻，他認為滿載軍糧的船隻不會如此輕捷，恐怕其中有詐。

曹操一聽有所醒悟，立即遣將驅船前往，命令黃蓋來船於江心拋錨，不准靠近水寨。

但為時已晚。

此時，詐降的船隊離曹軍水寨只有二里水面，黃蓋大刀一揮，前面的船隻一齊放火。各船的柴草、魚油立即燃燒起來，火乘風威，風助火勢，船如箭發，衝入曹操水寨。

曹軍戰船一時俱燃，因各船已被鐵鎖連在一起，所以水寨頓時成為一片火海。大火又迅速地延及北岸的曹軍大營。

危急中，曹操在張遼等十數人護衛下，狼狽換船逃奔北岸。

孫、劉的各路大軍乘勝同時並進，曹軍被火焚水溺、著槍中箭而死的不可勝數，曹操本人也落荒而逃。

　　周瑜、黃蓋的「詐降計」，至此獲得重大成果，它是孫、劉聯軍贏得赤壁大戰的重要計謀之一。

小提示

　　《三國演義》為了增添故事氣氛，還增加了周瑜打黃蓋的「苦肉計」。苦肉計是指故意毀傷身體以騙取對方信任，從而進行離間的計謀。

諸葛亮也失算
——緩兵之計

故事 65

　　諸葛亮上了年紀之後，健康狀況自然也走下坡，但他對揮軍北伐也越來越急不可耐，蜀漢和曹魏的戰爭終於一觸即發。

　　蜀軍一路進軍到天水，直把曹魏將軍賈嗣、魏平圍困在祁山。危機之下，魏明帝只好急調荊州都督司馬懿西屯長安，這才勉強抵禦了諸葛亮。

　　司馬懿與諸葛亮對陣，註定要演變成一場智鬥。

　　諸葛亮急於攻打魏國，司馬懿卻來個閉門不出，嚴防死守，讓諸葛亮乾著急。

　　老鼠不出洞，神仙也無法。

　　司馬懿清楚諸葛亮最怕打消耗戰，只要把他耗得沒吃沒喝，失去耐心，自然就會知趣而退。

　　所以司馬懿採取了拖延戰術，無論諸葛亮怎麼叫陣，就是不出戰。

　　彼此對峙了一段時間，諸葛亮沉不住氣了，取出女人的頭巾和衣服，裝在一個大盒子裡，還寫了一封信，讓人給司馬懿送去。

　　諸葛亮在信中寫了什麼內容呢？其實也不複雜，就是說，你司馬懿好歹也是統領一國軍隊的大將軍，將軍就應該披堅執銳，馳騁沙場，你總是龜縮在老鼠洞裡，就和一個婦人一樣沒出息。今天我給你送去婦人的頭巾和衣服，你要還有點羞恥心，感覺這是侮辱，就出來決一死戰，否則，就接受婦人的待遇，甘心當一個女人吧。

【諸葛亮祁山佈陣】

司馬懿看了衣服和信，心裡很生氣，但表面卻裝作根本不在乎，大笑著說：「諸葛先生既然把我當成一個婦人，那我就把禮物收下。」他的意思很明顯：你這是激將法，老子才不上你的當。

接著司馬懿向來使詢問諸葛亮的身體如何，休息得怎樣，每天能吃多少飯。使者一一如實回答，說諸葛亮日夜操勞，夜不能寐，寢食難安，每天只能吃很少一點飯。

使者走後，司馬懿便對部下說：「諸葛亮食少事煩，活不了幾天了。」

諸葛亮的手下楊顒也曾勸諸葛亮說：「我看你經常親自批閱很多文件，完全沒有必要啊，只要你治國有章法，上下人就沒有敢欺騙你的。治理國家和治理家庭一樣，哪有主人事必躬親，大小事都要過問的。地讓奴僕們耕種，有事情就交給奴僕們去做，你應該從容自在、高枕無憂才對。最有水準的管理者應該坐而論道，不管那些瑣碎的事情，像古代的陳平，竟然不知道有多少錢。你這樣大小事情都要親自處理，嘔心瀝血，不累壞身體才怪呢。」

諸葛亮聽了，心裡很感動，哭著說：「不是我不知道這個道理，我受先帝的委託，輔佐聖上北上伐魏，匡扶漢室，責任重大，我怕別人不像我一樣盡心賣力。」

　　楊顒死後，諸葛亮想起這事，還感傷落淚。可是感動歸感動，感傷歸感傷，諸葛亮仍然不放心授權，總是事必躬親。

　　正是這種對人的極端不信任，才導致諸葛亮操勞過度，積勞成疾，再也回不去成都了。

　　所以說，事必躬親的領導者，只能算是一個盡職的領導者，未必是一個成功的領導者。

　　諸葛亮雖然老謀深算，但使出了吃奶的力氣，也無法誘使司馬懿出戰，這次鬥法，司馬懿明顯占了上風。

　　他之所以不怕侮辱，能沉得住氣，是因為他對雙方的處境太瞭解了。因為這時候著急的是諸葛亮，而不是司馬懿，每拖一天，諸葛亮的大軍就要消耗大量的給養，而他們的後勤供應又那麼困難，他們消耗不起。戰爭打的就是金錢，尤其這種曠日持久的消耗戰。蜀國的經濟實力遠不如魏國，加上翻山越嶺供應軍隊的給養，不僅代價大，而且不如魏國方便。司馬懿能消耗得起，諸葛亮消耗得起嗎？你說我是婦人，我就是婦人了，即使拖不死你，也拖得你半死！

　　最後的結局大家也都清楚，諸葛亮真的被「拖」死了。

小提示

　　緩兵之計，是延緩對方進攻的計策，指拖延時間，然後再想辦法。司馬懿正是用此辦法拖延了諸葛亮的軍隊，最終贏得勝利。

劉皇叔的「謙讓」
——瞞天過海計

故事66

漢獻帝初平四年，曹操派遣部下去山東琅邪，將自己的父親曹嵩及家人上下百餘人接到自己的大本營兗州去。

經過徐州時，徐州牧陶謙為了和曹操搞好關係，特意派遣自己的部下護送曹嵩等人前往兗州。誰知他的一個部下張都尉反倒殺死了曹嵩等人，席捲錢財跑路了。

曹操勃然大怒，以為父報仇之名，前往攻打徐州牧陶謙。

面對大軍襲來，陶謙還是有自知之明，他知道自己肯定打不過曹操，就聽從了謀士的建議，請來北海相孔融、青州刺史田楷等人前來相助，而孔融又請了劉備一同前往。

就這樣，劉備帶著自己的幾千人馬前往徐州營救。

在徐州城下，劉備與曹軍大將于禁所部小試鋒芒，初戰告捷，讓被圍困許久的徐州城暫時解除了危機。

陶謙急忙將劉備等人迎進城內，好生款待。

吃飯的過程中，陶謙更是主動提出要將徐州城讓給劉備。

陶謙聲淚俱下地說：「當今國將不國，朝廷威望衰敗。劉公乃是漢室宗親，正應該為國出力。我的年紀已經太大了，根本沒有精力管理徐州，情願將城讓與劉公，還望劉公不要推辭。」

劉備聽到這番話也是大吃一驚，趕緊起身推辭道：「我前來相助絕非圖報答，只是懷著濟世安民之心，不想讓那曹操荼毒生靈。我雖然是漢室宗親，可是威望還不足以稱道，這個徐州城我不能要。」

陶謙又說：「我這些話都是推心置腹說的，絕非虛情假意。」

但劉備還是推辭。

陶謙的謀士糜竺看見兩個人一而再、再而三地推辭，就在一旁勸阻說道：「現在曹軍兵臨城下，我們應該先商議如何打敗曹操，等到曹操退軍了我們再說徐州城的歸屬問題不遲。」

恰巧這個時候，呂布在後方進攻曹操，曹操恐後方有失，迫不得已撤軍了。

徐州牧陶謙見曹軍撤走，徐州轉危為安，便派人請劉備、孔融等人入城相聚。

宴會結束之後，陶謙又再次對劉備提出了轉讓徐州的事。

劉備說：「我應孔融請求前來救援徐州，這是義舉，然而現在如果沒有任何理由就占據了徐州，天下恐怕會認為我是乘人之危的小人。」

糜竺、孔融等人紛紛勸解劉備接替陶謙治理徐州。

劉備苦苦推辭說：「難道你們想讓我陷於不義嗎？」

陶謙見劉備還是不肯接手徐州，便說道：「那請劉公暫且駐紮在小沛，這樣可以保護徐州，您以為如何？」

眾人也是紛紛勸阻劉備，劉備這才同意。

不久，陶謙染病，而且病情越發沉重，便派人以商議軍務為理由，把劉備從小沛請來徐州。

陶謙躺在病榻上對劉備說：「今天請您前來，不為別的事，只因老夫病

已垂危，朝夕難保，希望您看在徐州百姓的面子上，接受徐州，老夫死也可以瞑目了！」

劉備說：「可讓您的二位公子接班。」

陶謙說：「其才皆不能勝任。老夫死後，還望您多加教誨，千萬不能讓他們掌握州中大權。」

劉備還是辭讓，陶謙便以手指心而死。

隨後，徐州軍民極力表示擁戴劉備執掌州權，關羽、張飛也再三相勸，劉備才同意擔任徐州牧。

其實，對徐州這塊肥肉，劉備早就垂涎三尺，只不過是做足了戲，瞞天過海，最終達成了目的。

小提示

瞞天過海，字面意思是瞞住上天，偷渡大海。比喻用謊言和偽裝向別人隱瞞自己的真實意圖，而在背地裡偷偷地行動。

看誰的損失大
——以小博大計

故事 67

　　蜀漢大將張苞死後，諸葛亮大病了一場，回成都養病。

　　曹真聽說諸葛亮回了成都，就和司馬懿一起，率領四十萬大軍來攻打漢中。

　　諸葛亮知道後，當然會領兵拒敵。

　　他夜觀天象，料定一個月之內必有大雨，就安排部隊準備好防雨的糧食和柴火，堅守不出，與曹軍對峙。

　　司馬懿也是一個天文學家，他同樣預報會下雨，就建議曹軍在陳倉城裡安營紮寨，等大雨過後再進軍不遲。

　　那時候，陳倉已經是一座空城，諸葛亮撤退時，把陳倉給燒掉，魏軍只好在簡易的工事駐紮。

　　果然不出諸葛亮和司馬懿所料，沒過幾天就開始下大雨，整整下了一個多月，曹軍缺柴少糧，損失慘重，只好退兵。

　　敵退我進，這是諸葛亮的戰略。

　　可是當曹軍退去，諸葛亮並沒有命令部隊追擊，而是另闢蹊徑，從別的路向中原挺進。

　　司馬懿見諸葛亮不來追趕，就猜到蜀軍會出岐山來進攻魏國。

　　可是曹真不相信司馬懿的話，於是兩個人打賭，司馬懿說，如果十天內

蜀軍不來，我就把臉抹成紅色，穿上女人的衣服；曹真說，如果十天內蜀軍來了，我就把皇帝賜給我的東西送給你。

於是二人兵分兩路，守株待兔，等待諸葛亮進攻。

諸葛亮把部隊分成左中右三路出祁山，向魏國進發。

魏延和陳式等四名將領帶領一路人馬，從箕穀方向進軍，將要進入箕穀的時候，諸葛亮忽然派鄧芝來下通知說，箕穀裡可能有伏兵，不要進去。

陳式聽了不以為然，魏延聽了陳式的話，也隨聲附和，這樣一來，陳式就更不把諸葛亮的命令當回事，率領五千人馬，貿然進入箕穀。

結果他被司馬懿關門打狗，打得大敗。

陳式違抗軍令，回去必死無疑，但是魏延能逃過懲罰，鄧芝卻一點也不理解。諸葛亮告訴他，我知道魏延早晚會造反，留下他，是要利用他的勇猛。

曹真不相信蜀軍回來進攻，所以也沒當回事，專等十天後，笑話司馬懿。

到了第七天，哨兵來報告說，發現了蜀國的偵察兵，曹真就派出一支人馬去追擊。結果這支人馬落入蜀軍的圈套，被包圍活捉。蜀軍換上魏軍的衣服，打著魏軍的旗號，矇騙曹真，曹真果然上當，被諸葛亮率領大軍，一舉攻破了營寨，多虧司馬懿趕來，才救了曹真的小命。

曹軍大敗，只好退後安營紮寨。

曹真不幸被司馬懿言中，又中了諸葛亮的詭計，羞憤難當，一病不起，為了穩定軍心，他又不敢回都城去養病，只好在軍營裡乾耗著。

諸葛亮早預料到這一點，於是把俘虜的魏兵都放了回去，讓他們給曹真捎一封信。曹真不看信還好，看了信，一口氣沒上來，就被活活氣死了。

到此，曹魏政權的曹真時代徹底結束，進入了司馬懿左右政局的時代。

曹真不死，司馬懿難掌大權，施展不開手腳，諸葛亮與司馬懿的鬥法，

取勝的機會大大增加。如今曹真一死，司馬懿少了一些掣肘，實際上增加了諸葛亮鬥法取勝的難度。

劫寨破曹真在整個《三國演義》裡，是一個比較特殊的案例，也非常具有代表性。

為什麼這樣說呢？這次鬥法，雙方均是內鬥外鬥相結合。

諸葛亮想出計謀，就遇到了執行問題，於是他要與魏延和陳式鬥爭。司馬懿料到了諸葛亮的詭計，準備採取相應的對策，這時候，他也遇到了執行問題，要與曹真鬥爭。

這樣內爭外鬥的結果是，雙方各有勝負，各有損傷。表面來看，諸葛亮損失了陳式，曹魏方損失了曹真，諸葛亮略占上風。

小提示

　　「以小博大」，指用小成本透過冒險投機手段贏得大的報酬。諸葛亮氣死了曹真，直接導致後來司馬氏的篡政，諸葛亮不僅為自己樹立了死敵，也開始為三國掘墓。

大人物有「小心機」

——欲擒故縱計

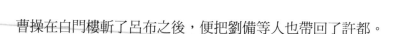

曹操在白門樓斬了呂布之後，便把劉備等人也帶回了許都。

劉備是有雄心壯志的人，怎麼肯寄人籬下。

後來，他以襲截袁術為由逃離了許都，並重新奪回徐州，還慫恿袁紹起兵攻打曹操。

曹操很是憤怒，派手下大將劉岱和王忠前往討伐劉備。

那時候正是寒冷的冬天，下著鵝毛大雪。

曹、劉兩軍冒雪排兵佈陣，曹軍人多勢眾，聲勢赫赫，但劉備的軍隊也不是吃素的。

劉備手下的大將關羽勇武過人，與王忠在馬上不過是鬥了幾個回合，便活捉了王忠，頓時軍心大振。

張飛見關羽立了大功，就向劉備請命：「待我前去活捉了那劉岱來。」

劉備說：「劉岱也是一方諸侯，你切不可小看了他。」

張飛不在意的冷笑道：「這種貨色何足掛齒，生擒他不費吹灰之力。」

劉備卻故意刺激張飛：「你的武力我自然放心，可是就怕你莽撞的性子壞了他的性命啊。」

張飛急了，怒道：「假如我殺了他，我就陪著他一起死！」於是，劉備給了張飛三千兵馬。

【白門樓斬呂布】

　　那劉岱看見王忠被關羽活捉之後，深知自己一個人打不過劉備，便緊閉營門，不和張飛交手，氣得張飛每天在營門前惡言惡語地辱罵劉岱，自己罵累了便讓部下罵。可越是這樣，劉岱越是不敢出戰。

　　一連好多天，劉岱就是死守。

　　張飛正焦急之時，突然心生一計。

　　這天，張飛傳令全軍午夜前去夜襲曹軍營地。然後，他在自己的軍帳中飲酒作樂，喝得酩酊大醉，又故意找了一個士兵的錯誤，喝令左右將這個士兵綁起來狠狠地打了一頓，罵道：「等我打敗了劉岱，再拿你的腦袋祭我的軍旗。」

　　然後，張飛偷偷命人鬆開這個士兵的繩子，讓他逃走了。

　　那個士兵逃走之後是越想越氣，便前往劉岱大營中告密。

　　劉岱看見那士兵被打得皮開肉綻，便相信了他的話，十分高興地說：「真乃天助我也！今天晚上我要叫張飛嘗嘗我伏兵的厲害！」說完，傳令把大營騰空，所有士兵全部埋伏在兵營外，就等著張飛夜襲的時候來個甕中捉鼈。

這天晚上，張飛果然是兵分三路，長驅直入。

可是中路的士兵只有幾十人，任務是闖入營寨中放火，然後左右兩路人馬包抄劉岱的背後，等著中路起火為信號，然後左右夾擊劉岱大軍。

待到三更天，張飛親自領了一隊精兵，截斷劉岱的後路。緊接著，中路幾十人闖入劉岱營中放起大火來。

營外劉岱等不及了，率領著伏兵向營中殺去。

可是螳螂捕蟬黃雀在後，張飛兩路人馬一起出動，圍殺劉岱伏兵。

劉岱大軍頓時慌作一團，根本不知道張飛到底有多少人，立刻潰逃而去。

劉岱一看不妙，打算帶著一些親兵逃跑，卻撞見了張飛，不過一個回合，張飛便將那劉岱活捉於馬上。

小提示

　　欲擒故縱計，出自三十六計，諸葛亮七擒孟獲正是使用此計。而在武則天時期，曾賞給太平公主細玩寶物兩食盒，價值百鎰黃金，卻被人全部偷走，最後也是使用此計抓住了盜賊。

再難的路也要走
——暗渡陳倉計

經過連年征戰，終於奠定了魏蜀吳三分天下的格局。

不過在這三國之中，要說實力最強，還是魏國以地廣人多占優勢，並且此時魏國有一顆政治新星冉冉升起，此人就是司馬昭。

到了西元 263 年司馬昭執政時，他準備一舉滅蜀。

面對魏軍強勢的攻擊，蜀國基本上沒有還手的餘地。不多時，魏國就占領了蜀國多座城池。

等到鄧艾一路攻到陰平一帶時，鐘會合併了諸葛緒的人馬，魏國的兵力已經是勢不可擋了。

這時，鐘會下令攻占劍閣。

而蜀軍統帥姜維，面對來勢洶湧、勢在必得的魏國軍隊，竟然硬是帶著將士，憑著劍閣險要的地勢，頑強地抵擋住魏國大軍的進攻。

蜀道難於上青天，正是憑著地利的優勢，姜維終於保住了自己的領地。

而魏國這邊雖然兵力強盛，卻要面臨大量糧草供應的問題。

幾次攻不下蜀國，魏國軍隊缺了糧草，也只好退兵了。

就在鐘會領著大批兵馬無功而返的時候，卻遇上了從陰平趕過來的鄧艾。

鐘會的十三萬兵馬對上鄧艾的三萬兵馬，顯然鄧艾處於劣勢，沒什麼發言權。

可鄧艾也有自己的想法，他在心裡暗自盤算：既然劍閣過不去，能否找到別的通道可直通蜀國都城呢？他派出探馬查明地形環境，終於選出了一條能夠通往成都的小路。

不過這條小路不僅四面都是奇山峻嶺，而且已經荒廢三四百年了。

面對這樣一條小路，鄧艾反而開心起來。在他看來，正是這樣幾百年無人行走的小路，才不會被人注意，假如魏軍從此路通過偷襲成都，必然能打得蜀軍措手不及。

有了計畫以後，鄧艾便趕到劍閣，將自己的想法告訴鐘會。

鐘會對鄧艾這樣一個異想天開的主意根本不屑一顧，但是任由鄧艾去實施，想看鄧艾出醜。

鄧艾在鐘會面前碰了一鼻子灰，自然心裡也不高興，決心非要辦成此事。他派兒子鄧忠率五千名精兵，手執斧頭、鐵鑿，做開路先鋒。然後自己親自帶領大軍，帶著備好的乾糧、繩索跟在後面。

這一路的艱辛難以想像，鄧艾三萬大軍到最後只剩下二千餘人。

最終，鄧艾正是憑藉著這樣一支英勇無畏的軍隊出現在成都城外。

蜀國皇帝劉禪想要調回劍閣姜維的軍隊已經來不及，只能出城投降。

小提示

　　此計全稱為「明修棧道，暗渡陳倉」，原是楚漢戰爭時韓信運用的一個計謀。此計適合在我方不便正面進攻，而另有可「渡」之路的情況下使用。一明一暗，使敵人不能正確判斷我方的意圖，從而達到出其不意的效果。鐘會雖瞧不起鄧艾，可在明處扮演了「明修棧道」的角色，使鄧艾的「暗渡陳倉」之計得以進行。

載歌載舞給你看

故事 70

——空城計

古人用計大多只動用腦子讓別人付諸實踐，而曹操用計不僅用腦子，還會讓自己深入計中，可謂是有謀又有勇，叫人欽佩有加。

人們總說，人有失足，馬有失蹄，即使是聰明絕頂的曹操也有指揮出錯的時候。

西元 195 年，曹操把軍隊派出去收割麥子，呂布得知消息，忙不迭地率領軍隊殺了過來。

當曹操聽到士兵來報，說呂布帶著數萬大軍朝他們的方向而來時，曹操的身邊沒有一名大將，只有一些文員，而士兵也只有二千五百人。

這個消息令大家驚慌失色，都在想這下完了，該如何是好。

可曹操卻不慌不忙地登上城樓，一看果然塵土飛揚，呂布帶著大軍分路朝著城池奔來，當即命令手下說：「大家不要慌張，將城中的旗幟都藏起來，士兵不可隨意走動，不准高聲講話，有違令者殺。將四個城門大開，把隨軍的家屬全都叫過來，要求她們盛裝打扮。等到呂布來了，我自然有對策。」

這樣的命令，令官員們大惑不解，可又沒有其他辦法，只能聽命行事。

就見曹操指揮著隨軍家屬，開始在城牆上鶯歌燕舞起來，等著呂布的軍隊到來。

呂布來到城門下，見曹操一襲長衫，在城上盤膝而坐，觀賞歌舞，十分沉醉。再從城門向城裡看去，除了一些打掃街道的百姓，竟然沒有別人。

呂布本就是多疑的人，看到這樣的情況，以為城裡會有重兵埋伏，就掉頭回到大軍前，命令部隊立刻撤回去。

有的將領大惑不解問道：「為什麼要退回去？曹操一定是在演戲騙我們的。」呂布本來也有點懷疑，可看到城外有一片深樹林，心想：「曹操這個人老奸巨猾，不可能冒這樣的險，他肯定把精銳部隊埋伏在樹林裡，若是我們就這樣闖了進去，那便中計了。」

於是呂布對手下人說：「你不懂，還是趕快撤退吧！」

曹操站在城樓上看著遠去的敵軍，哈哈大笑。

當他下了城樓，各官員立即上前問道：「呂布帶領數萬大軍前來，剛到城門口，為何見了主公就掉頭回去呢？」

曹操看了看眾人，緩緩說道：「呂布這個人，知道我這一生做事謹慎，不去冒險，看見我這樣悠閒鎮定，城門又大開著，必定認為城中會有重兵埋伏，等著他進來，所以便掉頭退了回去。」

原來如此，眾官員恍然大悟。

接著，曹操又說道：「其實我也不想這樣，一點都不保險，只是不這樣做也沒有其他的辦法了，賭一把還有贏的機會。」

眾官員當即對曹操敬佩地說：「主公真是神機妙算，好計謀啊。如果是我們，必定會帶著屬下棄城而逃了。」

曹操說：「我們只有二千五百人，如果棄城而逃，很快就會被抓住，結果是一樣的。」

曹操的一席話，贏得官員們連連稱讚。

而另一邊率軍無功而返的呂布，回去思前想後都覺得不對勁，不死心的他第二天再次率軍來攻打曹操。

可是這次，曹操的伏兵真的藏在樹林裡了。

小提示

　　在《三國演義》中，虛構了一齣諸葛亮使用「空城計」騙司馬懿的戲碼。但真正的「空城計」發生在曹操與呂布的一次交戰中，因兵力奇缺，急中生智發明的。只不過《三國演義》貶低曹操，這才讓諸葛亮搶了功勞。

第四章 戰役篇
烽火連年戰不休

故事 71　曹操這次太沒面子了
──赤壁之戰

　　三國裡面發生過很多精彩的戰役，「赤壁之戰」是眾多精彩戰役中最引人入勝的一個。這是曹操舉兵以來，打過的最沒有面子的一場仗。也正是這場戰役使得三國得以鼎足而立，曹操戰敗北退，孫、劉兩家分占荆州，休養生息，還給後世的我們留下了「舌戰群儒」、「草船借箭」、「蔣幹盜書」等一系列精彩好玩的故事。

　　東漢建安十三年，也就是西元 208 年，曹操大致統一北方，又於同年七月揮師南下，奪取荆州。只可惜曹操大軍還沒到，年老體衰的劉表就嗚呼哀哉，他的兒子劉琮將荆州拱手讓給了曹操。

　　而當時屯兵樊城的劉備也只好倉促率軍南撤，退軍途中派諸葛亮趕赴柴桑會見孫權，說服孫權結盟抗曹操。

　　輕鬆取下荆州以後，曹操聊發少年狂，給孫權寫信說，現在荆州已經被我拿下了，過幾天就要去你們東吳圍獵，孫將軍有沒有興趣陪我一起玩啊？

　　古時候的人比現在要君子得多，打仗也打得很君子，打仗之前，會先跟你說。

　　曹操也一樣，攻打孫權之前先跟孫權說，我就要去打你了，帶著我的八十三萬弟兄，你在家裡做好準備。

　　孫權一看信，自然是氣不過，你這不是擺明欺負我嗎？我江東子弟數十年的基業，豈容你曹阿瞞如此戲弄。然而，自己掰著指頭數一數，奈何曹軍

人數眾多，就召集文武百官商討對策。

結果，大家一邊倒地說投降。

孫權見這些人指望不上，就命人召回遠在潘陽的周瑜。

周瑜到了，決定抗曹，理由有三：一、曹操雖然號稱八十萬大軍，但這個數目可能有灌水，再說北方並未平定，關西還有韓遂、馬超等人，曹操不可能傾巢而出；二、北方人不善水戰，而江東坐擁長江之險，如若水戰，曹軍雖多，卻不一定會贏；三、曹操遠道而來，糧草一定匱乏，無法進行持久戰。

周瑜的一番分析，大大增強孫權抗擊曹操的決心。

曹操拿下荊州以後，開始對劉備下手，一日一夜連追三百餘里，劉備不敵，只好和孫權結盟。

就這樣，曹軍和孫、劉聯軍在赤壁擺開了戰場。

當時曹操雖號稱八十萬雄師，但一部分駐守大本營外，北方軍大概十五六萬，而攻下荊州後又收復荊州兵，大概七八萬，總共二十餘萬。江東方面，周瑜、程普的兵大概三萬左右，雖然聯合了劉備，但劉備手下兵力也不過一萬，再加上劉琦從荊州帶來的一萬人馬，合計不過五萬。

而導致「火燒赤壁」的直接原因，還是曹操軍隊的不善於水戰，將戰船用鎖鏈鎖起來，最後黃蓋獻上火攻之計，把曹軍打得大敗而回。

這次戰爭真正的主角是周瑜，諸葛亮只是參與者而已。

曹操兵敗後，曾致信給孫權說：「赤壁之役，值有疾病，燒船自退，橫使周瑜虛獲此名。」這雖然是曹操要面子的說法，但也反襯出周瑜是赤壁之戰的主要功臣。

至於諸葛亮在此次戰役中到底發揮了哪些作用，正史並無記載。

諸葛亮本傳也只是記述他與吳軍一起出發，到劉備處後與東吳方面「並

力拒曹公」。

　　赤壁之戰，曹操雖然犯了很多兵家大忌，但孫、劉聯軍也未必有必勝的理由。歷史上真實的赤壁之戰，如今還是一個並沒有得到完整解答的謎。但孫、劉聯軍的勇氣，還有周瑜、魯肅、黃蓋、諸葛亮等人共同拒敵的謀略故事，卻一直被後世的人們津津樂道。

後院還真的起了火
——官渡之戰

故事 72

　　袁紹出身官宦世家，其名為「四世三公，名滿天下」，其勢為「門生遍朝野，世交布海內」，其地為「天下九郡擁其四」。

　　起初，他的來頭很大，氣勢很猛，很快就成為十八路諸侯的盟主。可是在討伐董卓這樣投資規模巨大的行動上，袁紹除了一個「盟主」的虛名外一無所獲，而曹操則積累了軍事統帥的經驗，孫堅還獲取了傳國玉璽。

　　董卓被滅後，聯軍也就失去了討伐的目標，頓時有點不知所措。

　　袁紹本以為機會來了，自己可以順理成章地成為朝廷幫掌門人。沒想到十八路追隨自己的諸侯，各懷鬼胎，一看董卓死了，紛紛自立門戶，爭搶勝利果實。

　　其中最有野心的就是曹操，他直接把皇帝搶回家去，與袁紹公開叫陣，對著幹。

　　建安五年（西元200年），曹操在官渡迎來了他一生中最強大的對手——袁紹。

　　袁紹祖輩都在朝廷做大官，他的高祖父袁安是司徒，祖父袁湯是太尉，父親袁逢是司空，門生故吏遍佈天下，加之袁紹取得冀、並、幽、青四州，實力大增，有軍隊數十萬人。

　　無論是從哪個角度來看，袁紹都是幾乎不可能戰勝的。

　　其實曹操也意識到了這一點，他在黎陽與袁紹相持時，本想退兵日後再

作打算，荀攸獻計說：「敵人兵多，我們人少，不能跟他硬拼。不如分一部分人馬往西在延津一帶假裝渡河，把袁軍主力引到西邊。我們就派一支輕騎兵到白馬，打他個措手不及。」

曹操依計行事，果然大破袁軍，斬殺袁紹的大將顏良。

建安五年八月始，兩軍再次相持於官渡，雙方互有勝負。

曹操此時軍中缺糧，想放棄作戰，就寫信給許都的荀彧。

荀彧提醒曹操說：「在戰爭雙方都疲憊不堪時，誰後退誰被動，誰放棄誰滅亡。」

曹操只好咬牙堅持，尋找時機。

有句話說得好，最堅固的堡壘往往最容易從內部攻破，在曹操一籌莫展的時候，上天給他送來了許攸。

當時，袁紹的謀士許攸探聽到曹操缺糧的情報，就向袁紹獻計，讓他派出一部分軍隊繞過官渡，偷襲許都，可是袁紹不理睬。

恰好這時，有人從鄴城送給袁紹一封信，說許攸家裡的人犯了法，已經被當地官員逮了起來。袁紹看了信，把許攸狠狠地責罵一頓。

馬屁沒拍成，還挨了一頓臭罵，許攸一氣之下投奔了曹操。

曹操見許攸來了大喜過望，光著腳親自出迎。

許攸坐下來，問：「曹公，現在你們的糧食還有多少？」

曹操說：「還可以支援一年。」

許攸冷冷一笑，說：「沒有那麼多吧！」

曹操改口說：「只能支援半年。」

許攸裝出生氣的樣子說：「您難道不想打敗袁紹嗎？為什麼在老朋友面

前還要說假話呢！」

曹操只好實說：「軍營裡的糧食，只能維持一個月，您看怎麼辦？」

許攸說：「我有一計，袁紹在烏巢有大量的糧草物資，只要將其燒毀，袁紹必敗！」

曹操聽了許攸的建議，親自率領精銳步騎五千人偷襲烏巢。

正在官渡的袁軍將士聽說烏巢起火，都驚慌失措。

袁紹手下的兩員大將張郃、高覽帶兵投降，曹軍乘勢猛攻，袁軍四下逃散。

袁紹和他的兒子袁譚，連盔甲也來不及穿戴，帶著剩下的八百多騎兵向北逃走。

經過這場決戰，袁紹的主力已經消滅。過了兩年，袁紹病死。

曹操又花了七年的時間，掃平了袁紹的殘餘勢力，最終統一了北方。

小提示

　　官渡之戰，經過一年多的對峙，最終以曹操的全面勝利而告結束。曹操以兩萬兵力出奇制勝，擊破袁軍十萬，成為中國歷史上以弱勝強、以少勝多的典型戰例。

挑不對時機鬥氣
——夷陵之戰

故事 73

夷陵之戰，又叫做猇陵之戰、猇亭之戰，它是三國時期蜀漢昭烈帝，也就是劉備發動的一場戰爭。

想必那時劉備已經當了老大，得到了一些，還想要更多，所以就盯上了東吳的地盤。

按照現在的話來說，劉備屬於侵略者，而東吳屬於被動挨打者，所以這場戰爭也是中國戰爭史上一次著名的積極防禦成功戰例。

打仗需要名正言順，劉備給的理由是：自己的大將關羽被東吳的人砍了腦袋。

就這樣，在任何客觀條件都不具備的情況下，劉備傾巢出動，貿然去攻打東吳，最後被打得屁滾尿流。

這一慘案的發生，直接要了劉備的小命，導致西蜀政權逐漸衰微。

話說，章武元年（西元 221 年）七月，也就是劉備稱帝三個月後，劉備以替名將關羽報仇為由，揮兵東征東吳孫權，氣勢強勁。孫權為了避免與劉備開戰，私底下求和了數次，不僅如此，還派人送去了求和的御書。

「大漢皇帝陛下，看在我們相交多年的面子上，你大人有大量，就放過我吧！」

「不行！」

「我可以割讓城池？」

「不行！」

無論孫權如何費盡口舌，百般討好，劉備就兩字：不行。

孫權見求和不成，奮起應戰，他任命右護軍、鎮西將軍陸遜為大都督，統率朱然、潘璋、韓當、徐盛、孫桓等部共五萬人開赴前線，抵禦蜀軍；同時又遣使向曹丕稱臣修好，以避免兩線作戰。

陸遜上任後，為了避開蜀軍的鋒芒，就將戰線後撤到夷陵、猇亭一帶，轉入防禦。

從正月到六月，兩軍仍然相持不決。劉備為了迅速同吳軍進行決戰，曾頻繁派人到陣前辱罵挑戰，但是陸遜均沉住氣不予理睬。

後來，由於劉備犯的一個常識性錯誤，命蜀軍在山林中安營紮寨以避暑熱，這讓陸遜逮到大好機會，一把大火燒得蜀軍潰不成軍，大量士兵死傷和逃散，車、船和其他軍用物資喪失殆盡。

陸遜這個人很有軍事才華，但因為是孫策的女婿，往往被人誤解，以為是裙帶關係才當上大官，沒有什麼真才實學，直到吳蜀為爭奪荊州發生衝突，才嶄露頭角。

陸遜火燒連營的成功，更是決定了猇亭之戰蜀敗吳勝的結果。

此戰，劉備軍幾乎全軍覆沒，陣亡數萬人，《傅子》更是記載吳軍消滅蜀漢軍八萬餘，劉備僅以身免。

小提示

東吳守住了荊州，而蜀漢受到重創，元氣大傷。此戰兩國實力都受到影響，為雙方日後消除矛盾、共同抗魏奠定基礎。

張遼的「對手戲」
——合肥之戰

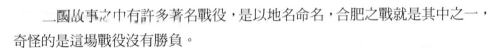

　　三國故事之中有許多著名戰役，是以地名命名，合肥之戰就是其中之一，奇怪的是這場戰役沒有勝負。

　　玩過棋的人都知道，沒有勝負有兩種含義，一是平局，二是悔棋。

　　合肥之戰是東漢末年至三國時期，孫權和曹操以合肥這個地方為目標的爭奪戰。

　　合肥是曹操讓劉馥修建的一座重要壁壘，主要作用就是抵禦東吳的進攻，而孫權想要北伐，合肥也是其中的一個障礙點和補給點。

　　西元 208 年到西元 253 年間，在合肥爆發了五次較大規模的軍事衝突，而最重要的一次，也是最關鍵的一次，是在第二次。

　　就是這二次博弈，雙方打成了平局。

　　西元 215 年，也就是建安二十年，曹操征討張魯，派護軍薛悌送函到合肥，上面寫著「等敵人進攻的時候再打開」的字樣。

　　孫權見曹操在漢中，無暇東顧，就在同年八月率十萬人出征合肥。

　　見東吳軍隊前來進攻，守衛合肥的張遼等人打開曹操信函，只見信上寫著：「若孫權軍來到，張遼、李典兩位將軍出城迎戰，樂進將軍守城，護軍薛悌不要出戰。」

　　因敵我兵力懸殊，眾將都對此指示感到疑惑。

　　張遼說：「主公正率軍在外作戰，等他回師救援時，孫權的軍隊必定已

攻破城池。所以他才指示我們，要在敵軍集結完畢前反過來攻擊他們，先挫折敵人的氣勢，以安定軍心，然後可以順利守城。」

李典認同張遼的意見，二人募集八百精銳之士，天還未亮，就衝入孫權的營寨。

交戰之初，張遼和李典就率眾砍殺了敵軍數百人，還斬了東吳兩個將領，逼近孫權的軍帳。

孫權大驚，急忙登上山頂，命令手下人以長戟自守。

張遼喊道：「孫權，你這個膽小如鼠的傢伙，躲在上面算什麼本事，敢不敢和我鬥一場。」

孫權不敢應戰，他看見張遼率軍甚少，就令士兵將張遼等人團團圍住。

張遼和麾下數十人突圍而出，其餘手下呼喚道：「將軍，難道您要拋棄我們了嗎？」

張遼聽後，再度衝進包圍圈，救出其他人。

這一戰，張遼與李典率領敢死隊從清晨衝殺到中午，東吳軍隊「人馬皆披靡，無敢當者」。更神奇的是，張遼此次帶出的八百人，不是曹魏擅長的騎兵，而是步兵。曹丕在後來追念張遼、李典的詔文裡，就清楚地寫道：「合肥之役，遼、典以步卒八百，破賊十萬。」

此戰過後，合肥的曹魏守軍士氣大振，對張遼更是佩服不已，全軍上下一心一意修築工事，堅守城池。

小提示

第二次合肥之戰，張遼可謂威震東吳，令孫權心有餘悸，即便是在許多年以後，張遼已經年老生病，孫權仍稱：「張遼雖病，不可當也，慎之！」

《隆中對》預言成真
——益州之戰

　　三國之中，諸葛亮算是一位神人，上知天文，下知地理，無所不能，按照道教來說算是個半仙。可是這樣一個仙人按理說是不管人間是是非非、恩恩怨怨的，可是也不知道劉備交了什麼狗屎運，竟然請到這位「半仙」出山。

　　諸葛亮除了研究天下局勢，還喜歡寫些東西，以現代話來講，算是科研寫作兩不誤，而《隆中對》便是其中之一。

　　《隆中對》又名《草廬對》，時間背景發生於西元 207 年冬天至 208 年春天。當時駐軍新野的劉備在徐庶建議下，三次到隆中拜訪諸葛亮，在最後一次見面中，諸葛亮便為劉備分析了天下形勢，所說的那一番對話就是《隆中對》

　　《隆中對》的核心思路就是：如今大漢已經進入一個不問皇帝死活、紛紛搶占地盤的時代了，這個時候的當務之急是給自己也弄他一塊；不管你是不是要「信大義於天下」，也不管你那個「光復漢室」是真是假，沒有根據地，都是扯淡！

　　於是，諸葛亮就慫恿劉備搶奪他本家兄弟劉表和劉璋的地盤——荊州和益州，搶了這兩塊地盤，就有了立腳的根據地，這樣才能和曹操、孫權稱兄道弟，分得一杯羹。

　　就這樣，劉備和諸葛亮制定了「先取荊州為家，再取益州成為鼎足之勢，後繼而圖取中原」的戰略構想，而益州之戰的成敗也成關鍵。

益州之戰是東漢末年，劉備為了奪取益州與劉璋發生的戰爭。自從赤壁之戰以後，劉備有了荊州，但是為了儘快實現當初的計畫，劉備開始琢磨怎麼拿下益州。

　　當時守衛益州的是劉璋，劉璋沒有多少能力，也沒有多大本事，但是心地仁厚，在三國中算是個沒有智慧的好人。

　　好人總是被欺負，劉璋受制於據守漢中的張魯，聰明又很強大的曹操看上了漢中，對蜀地也構成了極大的威脅。

　　劉璋也是個聰明人，在這內外夾擊的時候切不可樹敵太多，於是選擇了求和，還給出非常豐厚的條件──劉備可以進城。這條件實在誘人，劉備也就接受了。可是沒多久，也就是建安十七年，兩人決裂，起了戰爭。

　　劉璋派部將劉璝、冷苞、張任、鄧賢、吳懿等抵抗劉備，結果一一被擊敗，退守綿竹，吳懿向劉備大軍投降。

　　劉璋又派護軍南陽人李嚴、江夏人費觀，統帥駐在綿竹的各路軍馬，但李嚴、費觀也率領自己的部下向劉備投降。

　　沒有辦法，劉璋、張任與劉璋的兒子劉循只好退守雒城。

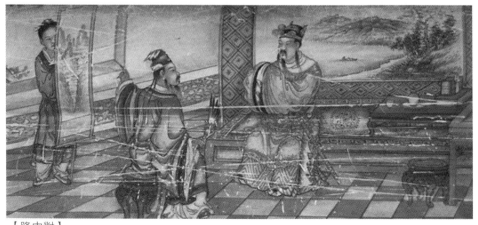

【隆中對】

劉備圍攻雒城近一年，手下的軍師龐統不幸被流矢射中而死。劉備大怒，猛烈攻擊雒城，守將張任率軍出城，在雁橋與劉備軍大戰，最後被殺。

這時，法正寫信給劉璋，分析了形勢強弱，說：「劉備來勢兇猛，不如投降，以保住家門的尊貴。」

劉璋未予答覆。

劉備攻破雒城後，進而包圍了成都，此刻，諸葛亮、張飛、趙雲也率兵前來會合。

劉璋被圍困在城中，還有精兵三萬人，糧食和衣服可以支援一年的時間，正打算死守之際，突然聽說張魯的大將馬超投降了劉備，也來到成都的城下。

馬超來了，成都城內的人非常震驚，心中恐懼。

劉備包圍成都數十天，派從事中郎涿郡人簡雍進城勸降劉璋。

劉璋沒有辦法，只好命令打開城門，和簡雍同乘一輛車出來投降。

小提示

劉備奪得益州後，孫權向劉備索還荊州，劉備說：「我得到涼州後，定當將荊州給你。」孫權因而忿恨，派呂蒙襲取長沙、零陵和桂陽三郡，破壞了孫、劉聯盟，也種下日後孫權命呂蒙襲取荊州的禍根。

「詐屍」得勝

故事 76

—— 濮陽之戰

　　三國裡的能人，真是八仙過海各顯神通，有嚇跑敵人的，有氣死敵人的，有拖死敵人的，同樣還有「詐屍」贏的。

　　濮陽之戰便是其中之一。

　　東漢末年，朝政特別腐敗和混亂，皇帝昏庸，老百姓沒有好日子過，肯定會有很多的牢騷。如果逼急了，就不僅僅是牢騷，而是出現大量農民起義和地方勢力割據混戰的局面。

　　在混戰當中，曹操因為比較善於用人，比較「慷慨仁慈」，對人才更是「疼愛有加」。所以他廣招賢士，勢力發展特別快，很快就在兗州建立了根據地。

　　西元 194 年四月，張邈、陳宮勾結呂布造反，呂布襲破兗州，占據濮陽。曹操聽說發生內亂，什麼也顧不上了，直接奔向自己的根據地，處理內亂。

　　同年八月，曹操率軍進攻濮陽，呂布出兵迎戰。

　　呂布是個很有能力的將領，但是心術不正，沒有智謀，屬於有勇無謀的小人類型。這時，曹操就開始計畫，對付小人，他是很有辦法的。

　　一開始，曹操想在夜間攻進去，但是失敗了，呂布居然有防範，最後曹操被圍追堵截，幸有樂進、典韋拼命衝殺，才得脫困。

　　接著，呂布與陳宮合謀，讓濮陽城中的大富商田氏假裝詐降，引曹操進城。

　　曹操果然中計，率兵殺入城來，還沒到郡府，就見伏兵四起，喊殺聲震

天。曹操見中計了，急忙向北門撤退，不想被截殺；又趨南門，還是被攔阻，只好撥轉馬頭，望東門奔去。

這時，東門城樓大火燃起，幸虧典韋來救，曹操才冒著烈火濃煙衝出東門，但左臂已被燒傷。

呂布獲勝，沾沾自喜，以為曹操已經命喪火海。

曹操決定將計就計，假裝死亡，這也就是後來的「詐屍」。

為了讓呂布相信，他命令全部手下都要掛孝發喪，然後派重兵埋伏在軍營周圍，等著呂布來偷襲。

果然，呂布好大喜功，真的相信了，結果被團團圍住，折損了很多兵馬，自己也差點小命不保。

不過呂布就是呂布，雖然沒有腦子，但是能打，逃出去後依舊和曹操對著幹。沒想到在這一年的秋天，呂布逃過了曹操的圍堵，卻沒有逃過天荒。蝗蟲突然而至，吃了全部的莊稼，沒有了糧食，戰士無法打仗。呂布一看沒辦法了，心想，留得青山在，等我有了給養，再來和你曹操一決生死。

可曹操並沒有給呂布機會，就在西元 195 年春天，曹操重整旗鼓，收復兗州失地，先下定陶，繼克鉅野，殺死呂布手下大將李封、薛蘭，接著收復濮陽，呂布戰敗。

正所謂一物降一物，你以為自己的計謀最完美，但還有比你更加屬害的。

小提示

　　此戰過後，呂布率殘軍向東南逃去，降奔徐州劉備去了。這時東郡兗州盡歸曹操所有，朝廷正式任曹操為兗州牧。

大意失荊州

故事 77

——襄樊之戰

在利益面前沒有永遠的朋友，在這大大小小的戰爭中，總會讓人看透人性的反覆和同盟之間的脆弱。

襄樊之戰，也叫做關羽北伐，或者荊州爭奪戰，指的是在建安二十四年，劉備的部將關羽率兵從荊州南郡出兵，進攻曹魏，占據襄陽、樊城等地的一次重要戰役。

在赤壁之戰後，關羽被劉備敕封為襄陽太守。沒幾年，劉備先後幾次打敗曹操，迫使曹操退出漢中，關羽身價自然水漲船高，被封為前將軍、假節鉞。連連升官而不做實事的關羽坐不住了，他趁著曹操將襄、樊二地的守軍大量調到合肥去防守吳軍的時候，親率大軍北上攻取荊襄。

但是襄陽、樊城隔漢水相對，互成犄角，是曹軍抗拒南軍北上的戰備要地。當時魏征南將軍曹仁駐守樊城，將軍呂常駐襄陽。曹操從漢中撤軍到長安後，又派平寇將軍徐晃率軍支援曹仁，屯於宛城。樊城之戰開始後，曹操又派左將軍于禁、立義將軍龐德前往助守，屯駐於樊城以北。此時的襄樊還真不是那麼容易就能拿到手。

後來，關羽在樊城以北放水，一舉淹了曹操七路人馬，而且斬殺了曹操的愛將龐德，讓曹阿瞞著實心疼了好幾天。樊城的大捷給了關羽無限動力，認為手執「青龍偃月刀」，騎著「赤兔馬」就天下無敵了。他乘勝圍攻樊城，並以一部兵力包圍襄陽。

哪知曹操的謀士滿寵教給曹仁抵禦之法，讓曹仁堅守不出，導致關羽軍

雖乘船猛攻，一時仍不能下。

這時，孫權的手下呂蒙對孫權說：「主公，關羽征討樊城的時候，留下了很多軍隊在荊州防守，一定是害怕我們從後面攻擊他。不如將我方邊界上的守軍大量減少，關羽知道後一定會放鬆警戒，撤走一部分防備我方的軍隊，這樣我們就有機可乘。」

緊接著，名不見經傳的陸遜自薦駐守攻打荊州前線陣地。為了說動關羽，他親自寫了一寫信，一番歌功頌德的馬屁之後，暗示自己仰慕英雄已久，欲來投靠之意。

關羽看過信，心花怒放，自以為天下老子第一，僅靠自己的威名就能鎮守後方，於是率領大軍北伐曹魏，致使後方空虛，給了陸遜可乘之機。

這還不算，關羽更大意的失策，就是用人不當。他率大軍北伐，卻把自己的基地江陵，留給能力平庸的傅士仁等人把守。這些人供應前方軍需都常常出錯，何能擔此重任？關羽不僅沒有及時更換人員，還動輒威脅他們軍法伺候，致使二人遂生叛逆之心，從內部瓦解了關羽的力量。所以，陸遜一到，不費吹灰之力，就輕易拿下了江陵。

陸遜拿下江陵後，關羽不僅沒有命令大軍急行趕回基地，反而帶著大軍，慢慢悠悠地一路行來，如同游山觀景的遊客。他還天真地派使者同陸遜談判，致使陸遜抓住機會安撫百姓，策反軍隊，使得關羽的部隊軍心渙散，一路開小差的士兵絡繹不絕，最後，關羽父子只好敗走麥城。

孫權派人誘降，關羽命人把幡旗做成人像立在城牆上，然後逃遁，士兵也都跑散了，跟隨他的只有十餘名騎兵。

孫權已事先命令朱然、潘璋切斷了關羽的去路。

十二月，潘璋手下的司馬忠在章鄉擒獲關羽及其兒子關平，斬其首。

小提示

　　從關羽自身的條件來看，他具備足夠的軍事才能和資歷，而且又是劉備的死黨，忠誠更不成問題。但是關羽缺乏政治頭腦和領導才能，對外不能縱橫捭闔，對內不能凝聚人心。簡而言之，關羽守荊州，遲早會把荊州丟掉。

就連「雞肋」也吃不到

故事 78

——定軍山之戰

　　三國的戰爭可謂千奇百怪，什麼類型都有，所謂勝敗都是兵家常事。今天你勝利了，明天我失敗了，都太正常不過。雖然很多戰爭無論用人用計都堪稱經典之作，但很少有戰爭能和「雞肋」扯上關係，定軍山之戰便是其中的一個。

　　雞肋，顧名思義就是食之無肉、棄之可惜的雞肋骨，用來比喻一件事情堅持下去沒有意義，但是如果就這樣放棄了卻也多少有些可惜。

　　這話是曹操說的，當時他不得不以「雞肋」比喻這次爭奪戰，最終遺憾退場。

　　建安十五年，也就是西元 214 年，劉備打敗劉璋，攻克成都後不久，曹操也乘勝追擊，一舉攻占了漢中。

　　漢中與蜀都唇齒相依，劉備如果不制住漢中，他的京師成都就時刻受到曹操的威脅。

　　被人掐著喉嚨的感覺果真不好受，於是劉備就在建安二十二年發起了漢中爭奪戰。他率先進入漢中西面的門戶——陽平關，也就是今天陝西勉縣西，與曹軍守將張郃一決高下。但陽平關一戰並沒有取得突破性的進展，劉備進攻雖然猛烈，但張郃防守頑強，沒有讓劉備占到便宜。

　　後來，劉備聽從了法正的建議，率軍強渡沔水，直插定軍山，占據了有利的地形，曹軍夏侯淵來爭，定軍山之戰就此打響。

此前，張部統兵進攻張飛鎮守的巴西，被張飛擊敗，幾乎是全軍覆沒，隻身逃回定軍山。

　　夏侯淵本想堅守，但法正設計奪取定軍山對面的高山，使曹軍失去地利，迫使夏侯淵主動出擊。

　　劉備手下大將黃忠又以逸待勞，一舉擊敗定軍山上的曹魏守軍，夏侯淵也陣亡於亂軍之中。張部留守的大營兵力微薄，抵擋不住，撤往漢中，定軍山失守。

　　這個時候，曹操終於坐不住了，不得不在西元219年三月親自率軍出征，想要奪回漢中，挽回敗戰績。

　　可是曹操到了漢中與劉備相持月餘，損兵折將，魏將王平也投靠了劉備。曹操覺得漢中爭奪戰已無利可圖，以「雞肋」相喻而撤出漢中守備軍團，期間殺了自作聰明的楊修，抱憾撤離了漢中戰場。

小提示

　　正如曹操在漢中所言，他完成了荊州、漢中的爭奪戰後，未能一舉發動益州的爭奪，是不明智的。

　　這樣的戰略部署後果導致劉備最終在巴蜀立足腳跟，進而為保障川中的地盤，轉向漢中等地發動進攻，從而延伸了劉氏集團在西南以及長江中下游的勢力範圍，為最終三國鼎立的格局奠定了基石。

死諸葛嚇走活仲達
——五丈原之戰

強弩之末不能穿縞素，何況要征討實力遠遠高過蜀國一大截的曹魏，如此自不量力、自討苦吃的事情，諸葛亮卻要一條路走到黑。

劉備在臨死前授予了諸葛亮無上的權力，並要劉禪把他當成父親。為了不愧對老闆的「託孤重任」，諸葛亮只有沒日沒夜地拼命了。於是，大事也管，小事也管，該管的管，不該管的也管，搞到最後，自己忙得要死，而其他的管理人員則閒得要死。

難怪他最大的對手司馬懿判斷他活不長了，每天工作二十個小時，忙的都是雞毛蒜皮，不注意休息，飯量又極小，怎能活得長久？不僅如此，他還死不認輸，如果一次兩次出祁山，還可以理解，可是一而再、再而三地重複一件事，直到累死，怎麼說也令人想不通。沒有經驗有教訓，沒有教訓還有古訓，最終在一棵樹上吊死了，這種牛脾氣不服不行啊！

每一次出祁山，司馬懿都能抓住諸葛亮的軟肋，不與其鬥智，耗的就是國力，直到耗盡他最後一絲力氣，坐收老天派發的紅利。

當然，聰明的諸葛亮就是死，也不會輕易讓司馬懿占到便宜。

五丈原之戰之所以流傳下來，被後人津津樂道，就是因為諸葛亮的奇謀。他真是天下奇才，一個連死都能算到的人，不得不叫人佩服。

西元 231 年，諸葛亮第四次北伐，蜀軍糧盡退兵。在之後的幾年裡，諸葛亮勸農習武，作木牛、流馬，運米糧到斜谷口積集。又住在斜谷的抵閣，

與老百姓一起休養生息，養精蓄銳，準備在此出征北伐。

西元 234 年，諸葛亮第五次北伐，是由漢中出發，取道斜穀，穿越秦嶺，進駐了五丈原。

任憑諸葛亮多次挑戰，曹魏的主帥司馬懿就是不出戰。

諸葛亮派人把婦女用的頭巾和衣服送給司馬懿，為的是取笑他，誰知司馬懿根本不吃這一套。

當月，諸葛亮在軍中去世，長史楊儀整頓軍隊開始退兵，魏軍的探子報告司馬懿，說五丈原蜀營已空無一人。

司馬懿聽說諸葛亮已經死了，就率軍來到五丈原，發現蜀營果然空了。他唯恐蜀軍撤走，趕緊帶領人馬向前追殺而去。忽然間，蜀軍掉頭殺了回來，只見中軍「漢丞相武鄉侯」的大旗飄動，這可嚇壞了司馬懿，以為又中了諸葛亮的詭計，立刻下令撤回大營。

後來，司馬懿得知，諸葛亮確實死了，蜀軍已全部退回漢中，不由得後悔不已。

由此，蜀地便流行一句俗語：「死諸葛嚇走活司馬。」

小提示

死諸葛嚇走活司馬的事蹟，當成故事來讀，顯然生動有趣，但作為政治軍事事件來看，就是一個悲劇了。一個國家或一支軍隊，只能靠個人的餘威來嚇退敵人，那離失敗也不遠了。

故事 80　大一統
——晉滅吳

西元 263 年，司馬昭一舉滅蜀，使司馬氏勢力達到了巔峰。

而魏國這邊，從劉姓漢室奪來的江山最終也面臨被司馬氏奪走的危險。終於在西元 265 年八月，司馬昭病死，其子司馬炎將曹氏的代理人從皇位上踢了下來，從此曹魏政權變成了司馬氏的晉國，亦稱為西晉。

蜀國、魏國相繼滅亡，此時天下變成了東吳和晉朝的對峙。

晉朝吞併東吳的計畫，已經運作很久，這個計畫就是由著名的人物羊祜執行。

羊祜假節都督荊州諸軍事，與吳國名將陸抗相持。他在荊州地區的備戰相當充分，不僅積極訓練士卒，製造兵器，還推行亦兵亦農政策，屯田積穀，使「軍無百日之糧」的襄陽，到伐吳之前積穀已足夠十年之需。同時，推行分化瓦解吳國人的政策，羊祜的部隊行軍路過吳國邊境，收割田裡稻穀以充軍糧，會用絹來償還。打獵的時候，羊祜的部下也從來不越過邊界線，如果有禽獸先被吳國人所傷，而後被晉兵獲得，他都送還對方。即便是吳國軍隊的主帥陸抗生病了，羊祜也會派人送藥醫治。這些作法，使吳人心悅誠服，十分尊重羊祜，不稱呼他的名字，只稱「羊公」。

羊祜死後，司馬炎又派名臣杜預為鎮南大將軍，都督荊州軍務，繼續加緊準備攻吳。而另一得力戰將王濬為益州刺史，在蜀地訓練水軍數萬，大造舟船，為順江而下伐吳積極創造條件。

不過，當年曹操赤壁大戰的慘痛教訓猶然在目，司馬炎有了教訓也不敢輕易進攻東吳，可他統一中國的念頭從來都沒有歇止。

　　滅吳大計暫時需要擱置，但司馬炎也沒閒著，而是採取措施整頓內部，加強恢復戰後經濟，他還特意厚待歸降的蜀國君臣，以此穩定巴蜀之眾。

　　東吳這邊，早年因為後宮爭鬥已經搞得朝廷烏煙瘴氣，到了西元264年，孫權的孫子烏程侯孫皓被迎立為帝，情況更加不可收拾。

　　在玩政治權術上，孫皓顯然不如司馬炎。他是一個只會吃喝玩樂，驕奢淫逸的傢伙，並且兇惡殘暴，濫殺無辜，致使眾叛親離，盡失民心。

　　他坐穩江山後便露出豺狼本性，把擁立他的家臣張布夷滅三族，然後笑嘻嘻對他的寵妃張美人（張布之女）說，妳知道妳爹到哪裡去了嗎？張美人痛不欲生破口大罵，孫皓便叫人用亂棍將她打死。後來，他又想念張美人，便叫人把張美人已出嫁的妹妹搶來，晝夜摧殘。為了淫樂，他下令皇親國戚和大臣所生的女兒，到了十五歲都要讓他過目，看不中的才能出嫁，否則就是欺君。他還在宮中挖了一條河，哪個宮女被他玩夠了或是犯了錯，就殺掉扔入河中讓水沖走，這樣的事情幾乎天天都在發生。

　　孫皓還深知酒後吐真言這句話的奧妙，常常大宴群臣，把他們全部灌醉，又安排十個人當糾察官，酒宴結束，就讓這些糾察官舉報大臣們喝酒時犯下的過錯，然後將這些犯錯的大臣剝皮挖眼。

　　孫皓如此荒淫無道，吳國上上下下都覺得很快就要亡國了，但孫皓自己卻不這麼看，雖然如此無道，卻不妨礙他擁抱偉大的夢想。他夢想有一天，能夠打到長江對岸去，消滅晉國，統一中國。

　　但美夢終究是美夢，總有醒來的一天。

　　西元280年正月，司馬炎開始向東吳發起進攻，等到接連攻下幾座主要城池以後，東吳將領對孫皓的失望再也無法平息，一邊倒的投降敵營。

司馬炎繼續乘勝追擊，到了十一月，他採用羊祜生前擬制的計畫，以二十萬兵力分為六路進攻吳國。

在這種分散進攻方式下，雖然吳國尚有二十餘萬兵力，可大多比較分散，很快就顯出了弱勢。

最後，在長史王恒的進攻下，吳軍最後的五六萬主力軍也被殲滅了。此時的吳國已經形同滅亡，可吳主孫皓到了這個時候才恍如初醒般地想要抵抗，派出了游擊將軍張象率領一萬水軍前往迎擊。可此時的東吳士兵早已成驚弓之鳥，當張象的部隊看見晉軍的大旗，頓時失去了作戰的信心，也因此不戰而降。

張象投降後，晉軍的將領王濬便開著大船、打著大旗，聲勢浩大地繼續向前推進。

孫皓率軍準備迎擊晉軍，沒想到當天夜裡吳國的兩萬士兵逃散一空。

這場實力懸殊的兩國交戰，勝負早已分曉。當晉國的軍隊攻打到孫皓門前時，

【晉武帝司馬炎】

孫皓再也沒有抵抗的心思了，於是，孫皓自己把雙手反綁起來，又拉著棺木，主動前往王濬軍門投降。

　　至此，晉軍連克東吳四州、四十三郡，降服吳軍二十三萬，東吳政權宣告滅亡，三國長期分裂的局面也隨之結束，再次迎接大一統的新局面。

小提示

　　晉滅吳之戰，是統一全國的戰爭，也是強者消滅弱者的一場戰爭。晉具有各方面的優勢，但仍經過長期準備，精心策劃，嚴密部署，終於迅速取勝。弱小的吳國面對強敵，反而輕敵大意，毫無有效的全面防備措施，結果一敗塗地。

第五章 事件篇
看豪傑亂世博弈

數風流人物，還看今朝
——青梅煮酒論英雄

　　袁紹消滅了董卓，看到大多數諸侯各自散去，自己也懶得伺候漢獻帝，便回了自己的老家冀州。

　　自己最大的競爭對手走了，曹操輕而易舉地就把國家大權攬在自己手中。接著，他開始注意潛藏在朝廷和自己身邊的威脅，時刻盯著那些野心家和蠢蠢欲動的潛在對手。他心裡最清楚劉備的實力和野心，深知此人將來會成為自己最大的對手。

　　劉備也不是傻子，為了隱藏自己的野心，格外低調，經常閉門不出，不問世事，每天在菜園裡一門心思種菜，成了隱居都市的「菜農」。

　　即便如此，曹操也不會認為劉備變乖了，堅信他就是一條龍，一條潛伏在深淵、時刻會沖天而起的巨龍。

　　為此，劉備越是低調，越是深居簡出，曹操越不放心，越是坐立不安，欲除之而後快。

　　漢獻帝慢慢長大，當然不甘心自己受制於曹操成為傀儡。他想發展自己的勢力，就認了劉備這個皇叔，並邀請他一起打獵遊玩，以示重視。同時透過國舅，秘密聯絡劉備，試圖掀翻曹操這塊絆腳石。

　　這樣一來，不僅把劉備嚇壞了，也把曹操嚇了一跳，他隱隱感到威脅，決定安排一場私宴，請劉備來府裡喝酒，以探虛實。

　　曹操請劉備喝酒時，正巧關羽和張飛不在。見面後，他第一句話就問，

皇叔在家做好大的事情啊？這一問讓劉備心裡一驚，以為曹操知道自己與皇帝密謀的事情，要找自己算賬。

好在曹操接著拉起他的手，說正是青梅成熟時節，想起當年望梅止渴之事，就摘梅煮酒，請皇叔來品嘗梅子，喝杯小酒，敘敘感情。

來到曹操府中，曹操先講了一個望梅止渴的故事，緩解一下緊張氣氛。

忽然間，只見天邊黑雲壓城，如神龍猶現。

曹操看著瞬息萬變的天象，借此感歎道：「龍能大能小，能升能隱；大則興雲吐霧，小則隱介藏形；升則飛騰於宇宙之間，隱則潛伏於波濤之內。方今春深，龍乘時變化，猶人得志而縱橫四海。龍之為物，可比世之英雄。皇叔久歷四方，必知當世英雄。」

曹操這一番話，看似是在描述龍的變化，可實際的意思卻是在說「人得

【青梅煮酒】

志而縱橫四海」。

劉備當然不傻，曹操說這番話什麼意思劉備心知肚明，既然曹操想要自誇，也要試探在劉備眼裡，什麼人能縱橫四海，比得上自己，那劉備自然也要順著曹操來回答。

於是，劉備接連指出袁術、袁紹、劉表、孫策和劉璋等地方豪強，卻被曹操一一否決。

就這樣，劉備這番裝傻把曹操矇混過去，在曹操看來，這個答案普通人一定是這樣回答，這也證明劉備並沒有出奇之處。

然而，單是如此曹操並不能放心，又繼續說了當世英雄的標準：「夫英雄者，胸懷大志，腹有良謀，有包藏宇宙之機，吞吐天地之志者也。」

劉備則裝傻到底，問道：「誰能當之？」

曹操指了指劉備，然後指了一下自己，說：「今天下英雄，只有你和我！」

曹操話音剛落，就見大雨傾盆而至，同時伴隨著滾滾雷鳴，而劉備則裝作一副受了驚嚇的樣子，甚至連筷子都拿不穩，掉在了地上。

曹操見此情景，笑道：「大丈夫怎麼還怕雷聲呢？」

此次酒局堪稱雙龍聚會，從曹操的「說破英雄驚煞人」，到劉備「隨機應變信如神」，可謂步步玄機。曹操的睥睨群雄之態、雄霸天下之志表露無疑。而劉備隨機應變，進退自如，也表現出一世豪傑所應有的技巧和城府。

這一場政治交心，雙方都是贏家。

接下來兩人雖再次飲酒，但彼此心中都在打著算盤，劉備怕露出破綻，而曹操則深深擔心以後有一個強勁對手。

曹操真的讓劉備騙了嗎？

非也！

曹操沒有那麼好騙，當時沒殺劉備，可能有以下考慮：

一，劉備當時勢力尚小，不足以威脅到曹操。劉備雖然是個英雄，但並沒有用武之地，而沒有用武之地的英雄不能真正算作英雄，也用不著過於防範。他一時半刻還成不了氣候，不如等到師出有名的時候再來收拾他。

二，曹操還有很多實力強大的對手，有待清除，過早殺掉劉備會授人以話柄，再加上劉備的皇叔身分也多少讓曹操有些投鼠忌器。劉備前來投靠曹操時，曹操的謀士程昱就曾勸曹操把劉備「處理掉」。程昱說：「觀劉備有雄才而甚得眾心，終不為人下，不如早圖之。」曹操的回答則是：「方今收英雄之時也，殺一人而失天下之心，不可。」

小提示

　　《三國志卷三十二·蜀書二·先主傳第二》有一段記載：「是時曹公從容謂先主曰：『今天下英雄，唯使君與操耳。本初之徒，不足數也。』先主方食，失匕箸」。也從側面證實了當時劉備和曹操煮酒論英雄的事實。

一生糾葛的開端
──桃園三結義

說起結拜異姓兄弟，故事多得數不勝數，好處壞處，歷來褒貶不一。

英雄好漢結拜，那叫惺惺相惜；地痞流氓結拜，那叫臭味相投；貪官汙吏結拜，那叫沆瀣一氣；草根百姓結拜，那叫哥倆好、投脾氣。

這是一種非常好的借勢方式，能夠使自己的實力一夜之間壯大數倍，一頭磕下去，磕出的就是一幫人馬，一支隊伍。用磕頭的方式，把毫不相干的幾個人組織在一起，既互相壯膽，又互相依靠。這種簡單高效的組織形式，一經出現，便為人們熱捧效仿，也就不足為奇了。

桃園三結義是《三國演義》美好的開篇，當時正是春光無限、百花盛開的時節。在張家後花園裡，滿園桃花，燦若雲霞，張飛命人宰殺了黑牛和白馬，接著與劉備、關羽這兩個八竿子打不著的異性朋友，焚香擺供，祭告天地。然後，三人跪在地上立盟誓，結拜為異性兄弟。

按照年齡順序，劉備最大，自然是大哥，關羽是老二，張飛是老三，而且不求同年同月同日生，只願同年同月同日死。

這是何等新奇的景觀，何等英雄的氣概。

從此以後，民間紛紛效仿，結拜成風，一直延續到今天。

然而，真實的情況是，劉備、關羽和張飛這三個人並不像演義裡所描述的那樣戲劇化地結為異姓兄弟，但這三人的關係的確是非同尋常。

至於關羽和張飛到底是從什麼時候開始認識劉備，這個已經無從考究，

大概在劉備還只是一個普通市民，剛剛組織民團的時候，就已經認識關羽和張飛了。

世間總有一種默契是一見如故。

劉備與關羽、張飛之間正是如此。要知道，在當時劉備並沒有什麼大的作為，可是關羽和張飛卻實實在在地幫助劉備打打殺殺，而劉備對這兩位得力助手的感情也十分深厚，深厚到什麼地步？劉備、關羽和張飛常常一個桌子吃飯，這也許不算什麼，可要是說這三個人還經常同床而寢，他們之間的感情自然不必再說了。要知道，在亂世裡，但凡是組織幫派的，沒一個不是提心吊膽地過日子，得時刻擔憂身邊的人背叛傷害自己。可劉備對關羽和張飛卻從來沒有這個顧慮，出去打仗條件艱苦，劉備剛創業又沒什麼資金，勉強能維持自己不必風餐露宿，那他必然不讓自己的兩位兄弟受苦，一定是有福同享。

【桃園三結義】

關羽和張飛對劉備死心塌地忠誠，不管什麼樣的場合，只要劉備在凳子上坐著，無論多久，他們始終伴隨站在劉備身後，一動不動。劉備對他們也是肝膽相照。後來，關羽因為義氣丟掉了荊州，張飛因為義氣被手下砍了腦袋，劉備也因為義氣棄西蜀大業於不顧，親自率軍伐吳，落了個身死他鄉的下場。

　　所以說，對這所謂的「桃園三兄弟」而言，他們的感情都是真真切切的。

小提示

　　在《三國志·蜀書·關羽傳》中，曾寫道：「先主與二人(關羽、張飛)食則共器，寢則同床，恩若兄弟。而稠人廣坐，侍立而終，隨先主周旋，不避艱險。」羅貫中正是以此為根據，杜撰出《三國演義》中桃園結義的情節，突出劉備、關羽和張飛三人的深厚感情。

故事 83

軍師，我需要你
——三顧茅廬請孔明

西元 207 年，劉備年四十七歲。

不惑之年的他已經成功地由一名賣草鞋郎，轉變為滿腹陰謀的政治家。

從丟掉草鞋的一霎那，這位皇叔就一直在為「光復漢室」而奔波。二十多年過去，他身邊不乏關羽、張飛這樣的猛將，但卻苦於沒有一個能為他出謀劃策的謀士。

他一直在等，等到花兒都謝了不知道多少回，終於讓他等到了。

這個人就是諸葛亮。

當時有民謠說：「得臥龍、鳳雛者得天下」。

臥龍指的是諸葛亮，鳳雛指的是龐統。

劉備聽到諸葛亮的大名後，就帶著關羽和張飛到臥龍崗，找到了諸葛亮的住處。

他親自敲開了柴門，滿臉和藹地對開門的書童說：「漢左將軍宜城亭侯領豫州牧皇叔劉備，特來拜見先生。」把自己官職、出身報了個遍，臨了也沒忘記自己皇叔的身分。

誰知書童不吃這一套，仰頭看著長耳叔叔，怯生生地說：「我記不得這麼多字。」

劉備一愣，做了個手勢穩住背後衝動的張飛：「我是劉備，來拜見先生。」

書童瞥了張飛一眼，告訴劉備，先生外出，歸來時間不詳。

【三顧茅廬】

　　此為一顧茅廬，以劉備的無奈、張飛的黑臉以及關羽的面無表情宣告結束。

　　二顧茅廬發生在數日之後，劉備派去探子，得知諸葛亮已回茅廬，便立刻備馬再次前往。莽撞的張飛對此極度不滿，對劉備直言道：「不過一介村夫，哥哥何必親自去，我去把他給你綁來就是了。」

　　劉備怒喝：「臥龍先生是當代的大學者，哪輪得到你造次！」

　　據羅貫中描述，那一天，天降大雪，北風陣陣，臥龍崗一片銀裝素裹。劉備將馬騎得飛快，後面跟著張飛和關羽，雖然皮裘裹身，冷風還是不住地往懷裡鑽。

　　依舊是那個書童，依舊是那扇柴門，得到的結果一樣是拒絕。不幸中的萬幸，劉備遇見了諸葛亮朋友、弟弟以及諸葛亮的岳父一干人等，個個都是大名鼎鼎的人才，他們對諸葛亮欽佩有加，贊許他是當代難得一見的英才。

　　可以說，在眾人的推波助瀾下，此時劉備想要見諸葛亮的心情可以用急不可待來形容，這也就促成了第三次的拜訪。

三顧茅廬，已經是初春了。這一次，劉皇叔先是在家齋戒三天，選定吉日，沐浴更衣後才跨馬前往。如此慎重，不僅急性子張飛沒忍住，就連少言寡語的關羽也開口了：「兄長兩次親往，臥龍都沒有現身，我覺得他是沒有真才實學，不敢相見，我們就此作罷吧。」

　　劉備搖頭：「昔日，齊桓公要見一位隱士，去了五次才見到，更何況我要見的是當代大賢士呢？」

　　三個人於是騎馬前往臥龍崗。在離草廬很遠的地方，劉備就下馬步行以示誠意。走到門前，書童告知：「先生已歸，但午睡未醒。」

　　劉備誠意地說：「既然如此，那就不要打擾先生休息，我在這兒等。」

　　書童將三人引入院落，諸葛亮就在堂內側臥，劉備老老實實地站著，看著屋內那個白色身影，無數個問號在他腦中浮現：臥龍是個什麼樣的人？他值得自己這樣禮遇嗎？

　　幾個時辰過去了，張飛早已按捺不住，大嚷大叫道：「這個書呆子怎麼這樣傲慢，我哥哥站在門外已經很久了，他卻依然高臥不起。等我放一把火，把這屋子燒了，看他還能不能見周公！」

　　劉備趕忙安撫，這時堂內的諸葛亮動了動身子，大家都以為他要起床了，誰知人家只是翻個身繼續睡。

　　又過了一個時辰，諸葛亮才醒來。他伸著懶腰吟了首詩：「大夢誰先覺？平生我自知，草堂春睡足，窗外日遲遲。」吟完詩，依舊沒看屋外，轉而問書童：「我有客人？」

　　書童答道：「劉皇叔求見，已經等待好幾個時辰了。」

　　諸葛亮這才翻身起床，佯怒道：「你怎麼不早報？讓劉皇叔在此久候，太失禮了！」說完，轉入內堂，換了件衣服，這才出來迎見劉備。

　　終於，兩人得以見面。

劉備當時的心情想來是十分激動，簡單表明了自己的身分和來意之後，便一直反覆對諸葛亮強調著：諸葛先生，我需要你，需要你做我的軍師！

等看到諸葛亮對自己的態度比較和善以後，劉備這才放心，便讓身邊的人都退下去，然後問道：「漢室已經衰敗，如今奸臣當道，掌握朝綱，我想要伸張天下正義，可自己的德行和能力卻遠遠不夠，才遭受今天的挫敗。不過，我的雄心壯志並沒有減退，請問先生有什麼計策能夠幫助我？」

諸葛亮說：「如今曹操以百萬大軍壓陣，挾天子以令天下，想與曹操爭鋒的確不太可能。而江東有孫權三代割據，且地勢險要，民心順服，這樣以德治民的人可以嘗試與他結盟。而荊州地區位置重要，不過劉表卻無能力據守，正是上天賜予您的機會。再說益州，這裡土地肥沃，物資充足，百姓富裕，可張魯在此地卻從不珍惜，此地的賢才將士都希望能有個英明的人領導。而將軍您是漢室子孫，信義聞名於天下，如果可以奪得益州和荊州，並與孫權結盟，內修外治，復興漢室基業指日可待。」

劉備聽了，感歎諸葛亮果然是個高人，他們促膝長談了一夜，談話的內容被後人稱為「隆中對」。

小提示

諸葛亮與襄陽名士司馬徽、龐德公、黃承彥等交情深厚。

一次，劉備和司馬徽會面，面對天下芸芸眾者，司馬徽不禁感歎：「現在的儒生見識如此淺薄，對當今時事根本不能透徹瞭解。可亂世在即，能夠識時務者才是真正的俊傑，恐怕只有諸葛臥龍才能擔此重任。」面對司馬徽的這番肺腑之言，劉備雖從未與諸葛亮謀面，可已經對諸葛亮的才幹有了一定的認同，這才有了後來劉備「三顧茅廬」請諸葛亮的故事。

死後的「小心機」
——劉備臨死託孤兒

故事 84

劉備的前半生大多處於顛沛流離的狀態，難得關羽、張飛、趙雲、諸葛亮等人一心跟隨著自己，這才好不容易建立了蜀漢政權。

可是，劉備千辛萬苦當了皇帝，卻接連碰上人才凋敝的窘境，在劉備東征之前，龐統、法正、黃忠就已經先後亡故，東征失敗又令張南、馮習戰死，馬良遇害，而黃權則被迫投降魏國。

屋漏偏逢連夜雨，與此同時，一向聲望和資歷都居於高位的司徒許靖，以及尚書令劉巴連同驃騎將軍涼州牧馬超，和劉備的妻舅、安漢將軍糜竺也都接二連三地去世。

就在劉備急需人才的時候，關羽被東吳殺害，急於報仇的張飛又因自己脾氣暴躁被手下給暗殺了。這對劉備來說簡直是致命打擊。

被逼入死角的劉備在仇恨面前喪失了往日的沉穩和判斷力，就連諸葛亮的勸告他也聽不進去，說什麼也要出兵攻打東吳。結果，他在和東吳將領陸遜於夷陵決戰之時，被火燒連營七百里，一敗塗地退回白帝城。

回到白帝城的劉備又氣又惱，最後一病不起。

劉備生病以後，終於能夠冷靜下來反思當前的處境了。蜀國已經元氣大傷，儲君劉禪年幼不懂事，所謂知子莫若父，劉備哪裡放心得下。

然而，此時蜀國無論是資歷還是名望，除了諸葛亮以外，再也沒有人能夠挑起輔國的大任了。於是，劉備便派人將守在成都的諸葛亮找了回來，託

付後事。

當諸葛亮日夜兼程趕到白帝城的時候，怎麼也沒想到劉備竟然已經病得不成樣子，此時諸葛亮也明白劉備時日無多了，當即拜倒在劉備榻前。

劉備自然也知道自己即將油盡燈枯，此時見到諸葛亮，想到自己半生的功業有可能毀於一旦，再回想起曾經南征北戰的日子，心中無限感慨。

他對諸葛亮說：「自從有了丞相相助，我總算發展出自己的事業，可因為我學識淺薄，沒能聽從丞相的建議，才造成今天的局面。雖然我很後悔，可也沒有辦法了。我時日不多，唯獨擔心我的兒子不能擔當大任，只希望將大事託付給你。」劉備的意思已經很明白，這是要讓諸葛亮輔佐劉禪。

劉備又看了看左右的將官，當他看到馬謖也在身邊時，便命令馬謖等人暫時退出，只留下諸葛亮說：「馬謖言過其實，不能重用，對於他，丞相要慎重考察。」說完，劉備才將眾人叫到自己身邊，開始親筆書寫遺囑。

劉備一邊寫一邊感歎：「我本想和你們一同消滅曹丕，不幸中途分手。麻煩丞相把我的遺囑交給太子劉禪，以後一切事情，都望丞相指點。」

至此，劉備算是正式將託孤重任交代給了諸葛亮。

諸葛亮一聽，當即拜倒在地上說：「臣等一定全力效勞，輔助太子。」

劉備囑託完了身後事，又單獨對諸葛亮說：「你的才幹比曹丕高了十倍，有你在一定能成大事。倘若有一天劉禪真沒辦法輔佐，就請丞相你來做兩川之主。」

諸葛亮一聽，這是劉備要把江山交給自己，趕忙跪下推辭道：「我一定盡心輔佐太子，直到我死了為止。」

劉備又把諸葛亮請到自己的身邊坐下，對劉永、劉理吩咐道：「你們要記住，等我死了以後，你們兄弟三人要把丞相當做自己的父親。」

就這樣，劉備在臨死之前將後事託付給了諸葛亮，也延續了蜀漢江山的命運。

　　這期間還有一個細節是，劉備託孤時發出的遺詔上面寫著「內事問諸葛，外事問李嚴」。也就是將政治權力交付諸葛亮，將軍事權力交與李嚴掌管。

　　時值亂世，人人皆知軍權比政權重要，可見劉備還是從心裡提防著諸葛亮的。

　　說到李嚴，讀者馬上會想到諸葛亮北伐，李嚴因「運糧不濟，貶為庶民」。由此可見，政治鬥爭並沒有所謂的君子，諸葛亮也是如此。

小提示

　　從三顧茅廬、赤壁大戰、借荊州占益州，直到關羽走麥城、張飛被害、火燒連營，都是在為劉備白帝城託孤做著鋪墊工作。當他失去了左膀右臂，也只好把自己辛辛苦苦打下的江山，乖乖地交給了潛伏在身邊的臥龍先生。從此，蜀漢開啟了諸葛亮時代的序幕。

自己人害自己人
——華雄死得其所

董卓荒淫無道，蔑視漢帝，對朝中群臣濫殺無辜，致使朝綱敗壞，民不聊生。

於是，全國各地掀起了反對董卓的軍事動員。身為四世三公的袁氏家族一員，袁紹有著巨大的號召力，很快的，一個以袁紹為盟主的反董聯盟成立了。

聯盟以孫堅為先鋒官，進軍氾水關討伐董卓。

董卓見狀，立刻派帳下大將華雄前來迎戰。

當時，孫堅剛從長沙太守晉封為烏程侯。關東州郡起兵討董卓，孫堅哪有不起兵的道理。他率領軍隊從湖南北上，很快到魯陽與袁術會師。

可是當討伐大軍浩浩蕩蕩地來到了洛陽城外，卻開始止步不前了。原來，各路諸侯對董卓還是有忌憚之心，都開始盤算起自己的利益來了。這些人一方面懼怕董卓，另一方面又想保存實力，誰也不敢進軍。

在這種你怕我怕大家一起怕的默契下，誰也不好意思笑話誰膽小，於是再次默契地開始置酒高歌，說是持觀望態度，其實也就是看哪個不怕死的敢身先士卒，去試探董卓的真正實力。

要說在天下四分五裂的各路軍閥中，後來只剩下三國並立，這不是沒有道理的。此時只有曹操和孫堅，以及河內太守王匡表現出非凡的勇氣。天下人都是聽說董卓如何強大，可真正見識過的沒幾人，而曹操和孫堅他們確實真正與董卓的軍隊交過戰。

當時，孫堅在梁縣之東受到董卓的將領徐榮攻擊，雖然他最後與少數親信衝出包圍圈逃了出來，但兵力損失慘重。等到孫堅重新整飭軍隊，董卓已經派遣大將胡軫、呂布、華雄等前來再次攻打。

可事情就壞在呂布身上了。雖然董卓這邊占足了優勢，可呂布張狂的個性卻不容易控制，鬧出了與胡軫不和的情況。雖然胡軫是主帥，但呂布是董卓的義子，呂布故意搗亂，誰也拿他沒辦法，以至於軍中自相驚恐，士卒散亂。

這個機會正好被孫堅抓住了，當即率軍追擊，胡軫和呂布等大敗而逃。

這時，華雄這員猛將在胡軫和呂布的內訌中置身事外，所以當孫堅麾兵來襲，董卓這方真正能夠冷靜出戰的只剩下華雄。

孫堅本來就是作戰高手，此時華雄失去了胡軫這個主帥和呂布這個第一猛將的支援，即使再厲害，想要和孫堅單獨開戰仍然有難度。

最終，華雄不敵孫堅，被孫堅斬殺了。

小提示

演義裡說，關羽自己請命去汜水關，殺當時被董卓封為驍騎校尉的華雄。袁紹和袁術認為關羽是馬弓手，職位太低，不同意他出戰，恐被華雄所笑。

關羽說：「如果不勝，請斬我的頭！」曹操支持他出戰，就斟上熱酒一杯，讓關羽飲了上馬。

關羽說：「酒暫時斟下，我去去就來！」然後出了軍營提著刀，跨上馬。不一會的工夫，關羽便提著華雄的頭回來了，而曹操斟的酒仍然溫著。

這便是著名的「溫酒斬華雄」。但實際上華雄是死於孫堅的刀下。

擋也擋不住的兄弟聚會
——關羽千里走單騎

故事 86

建安五年，曹操出任丞相，驕橫無禮。

漢獻帝不甘心做曹操的傀儡，就給自己的心腹國舅董承下了衣帶詔。誰知董承的家奴秦慶童因為曾經被主人責罰而懷恨在心，聽說了此事之後，就向曹操告發了。

於是，曹操便將參與衣帶詔事件的董承、吉平、吳子蘭等人處死，就連董承的女兒、懷孕五個月的董貴妃也慘遭殺害。

曹操一向認為劉備是心腹大患，當他知道劉備也參與了這件事情，便派大軍兵分五路殺向徐州。

劉備向袁紹求援，可是袁紹有所顧忌不願出兵，只是答應劉備日後可以隨時投奔他。

當曹操大軍殺到徐州城下時，劉備無力可擋，只好冒險連夜劫營，誰知反而中了曹操的埋伏。

劉備和張飛戰鬥中走散了，劉備隻身一人投奔了袁紹，張飛則是逃到芒碭山暫時落腳。

曹操擊潰劉備之後，又連夜打下了徐州。

隨後，在攻打下邳的時候，碰到了關羽。

關羽因為保護劉備的妻兒老小，被曹軍包圍在一座山頭之上。

曹軍大將張遼上山勸降關羽，關羽思慮再三之後答應了，但是和曹操約

法三章：一，只是投降漢朝廷，不是投降曹操；二，用劉備的俸祿奉養他的二位嫂子；三，一旦得知劉備下落，便可前去尋找。

張遼將關羽投降的條件告訴曹操，曹操答應了。

於是，關羽保護著劉備的兩位夫人，隨曹操前往許都。

途中，曹操故意讓關羽與劉備的兩位夫人同居一室，關羽手執火燭，徹夜守候在屋門外。

到了許都之後，曹操對關羽三日一小宴，五日一大宴，又是送美女，又是送金銀珠寶。

關羽讓美女服侍嫂嫂，財物則是暫時放好。

曹操又將赤兔寶馬送給關羽，關羽拜謝再三。

曹操感到奇怪，問他為什麼以前得到東西不感激，今天卻一連感謝。

關羽說有了這匹千里馬，他便可以早日找到主公劉備。曹操聽到之後，感到十分後悔。

袁紹起兵攻打曹操，他以顏良為先鋒，顏良威猛不可擋，連斬曹將宋憲、魏續等人。

曹操的謀士程昱建議曹操改派關羽迎戰顏良，讓袁紹因為仇恨關羽而殺了劉備。

關羽感激曹操對他的照顧，便上陣殺了袁紹的大將顏良，第二天又斬了袁紹的另一大將文醜。

曹操大勝。

袁紹知道是劉備的手下殺了顏良、文醜，便叫人綁了劉備。

劉備說：「曹操故意先讓關羽殺兩將以激怒你，再借你的手來殺我，我馬上寫信讓關羽到河北來投靠你，如何？」。

關羽收到劉備的書信，便向曹操告辭。他將曹操過去送他的財物和美女

【關羽千里走單騎】

全部留下，又給曹操寫了一封信，便護著二位夫人去尋找劉備。

接下來，三國故事裡最精彩的千里走單騎「闖關」遊戲開始了——

第一關城門，很輕鬆就闖了過去。

第二關是感情關，曹操拿黃金和錦袍為關羽送行，關羽沒有收黃金，披上錦袍，匆匆告辭，還留下「一言既出，駟馬難追」的成語，為曹操博得了遵守諾言的美譽。

第三關是劉備的兩個夫人差點被杜遠劫去，弄上山當了壓寨夫人，多虧被廖化救下。

第四關是闖東嶺關殺孔秀。

第五關是洛陽斬太守韓福。

第六關是胡班相救斬王植。

第七關是黃河渡口斬秦琪。

第八關是勇鬥夏侯惇，張遼及時趕來解圍。

第九關是受土匪追殺，收周倉。

第十關是過兄弟的不信任關，揮刀斬曹操大將蔡陽，才重新獲得張飛信任。

闖關遊戲到此結束，下一站就是收關平為義子，迎接劉備回古城，兄弟三人終於再聚首。

人們常說過五關斬六將，就是指這趟驚心動魄的千里走單騎。

我們姑且不去考慮「過五關，斬六將」的六個刀下鬼是不是關羽所殺，但是這五關的地理位置，就有點離譜了。關羽從許都出來，第一站是東嶺關，在漢代的地圖根本不存在，很可能是魏晉以後改的名稱，這個地方無法考察。第二站是洛陽，洛陽在許都西北數百里處，而關羽要到河北的袁紹陣營中去找劉備，卻偏偏往西走，這一點讓人搞不懂。第三站汜水關，其實就是虎牢關，在洛陽東南。讀到這裡，疑問產生了，他怎麼又走回來了？第四站是滎陽，就在汜水邊上。最後一站黃河渡口白馬津，我們只要翻翻地圖便可知白馬津在許昌正北。關羽不著急去找劉備，反而先往西北方去遊覽了一番，殺了幾個無名之將，難道是為了表現這一路自己走得多麼辛苦？

所以「千里走單騎」是真，但「過五關斬六將」不過是演義中的杜撰罷了。

小提示

陳壽所著《三國志·關羽傳》記載：「乃羽殺顏良，曹公知其必去，重加賞賜。羽盡封其所賜，拜書告辭，而奔先主於袁軍。左右欲追之，曹公曰：『彼各為其主，勿追也。』」

由此可見，關羽雖有千里尋劉備之事，但由於曹操成其之志，並未派兵追趕或設卡攔阻，此行可謂路途坦蕩、一帆風順。

想留也留不住你
——諸葛揮淚斬馬謖

故事 87

無論是從什麼角度來看，馬謖都是死不足惜，不過馬謖的知己諸葛亮在三國裡有著舉足輕重的地位，而馬謖最終又是死在這位知己的手裡，這意義可就不一樣了。

當時蜀國內憂外患，又趕上先帝劉備病逝，留下孱弱的新主劉禪，橫看豎看也不像能做大事的人。諸葛亮又是劉備臨死前親自授命的託孤大臣，馬謖雖然是好心辦壞事，可畢竟犯了大錯。

諸葛亮下令斬馬謖的時候心情應該是很複雜的，不然也不會有揮淚斬馬謖這一說。

兄弟之情，肝膽相照，諸葛亮即使有心幫馬謖，可畢竟有那麼多雙眼睛盯著自己的一舉一動。

那麼，這個馬謖到底犯了什麼錯呢？

西元 228 年，諸葛亮計畫出兵到祁山攻打魏國，當時關羽、張飛都已經去世了，諸葛亮能任用的將領只剩下趙雲、魏延等人。想到魏國兵力強盛不易攻取，諸葛亮就命令趙雲、鄧芝作為疑兵，先把箕谷給攻打下來。諸葛亮自己則親自率領著十萬大軍，突襲魏軍據守的祁山。很顯然，這場戰爭不關作戰經驗豐富的魏延什麼事，但有一人卻破格得到了諸葛亮的重用——馬謖。

馬謖這個人絕對是一個坐而論道的高手，按照現代人的標準來看，是道地的知識份子、大學問家。他做學問很有一套，但缺乏審時度勢、隨機應變、

靈活處理問題的能力。也就是說，善於紙上談兵，而非實際用兵打仗。

諸葛亮可能是過於迷信馬謖的理論了，根本沒有把劉備的警告當回事，選擇了自己非常欣賞和信賴的理論高手馬謖，作為自己北出祁山、討伐曹魏的先鋒官。

劉備在世時，曾任魏延為漢中太守，對於這一帶地形，魏延最為熟知。此次北征，扼守街亭咽喉要地，不派魏延，而委重任於中參軍的馬謖，也難怪魏延要發牢騷了。

在交戰之前，馬謖不聽諸葛亮預先做好的部署，非要擅作主張，不將部隊駐紮在緊臨水源的地方，反而在南山紮營。按照他的設想，把軍隊駐紮在山頂上，八成是想高屋建瓴，站得高看得遠，對敵人採取俯瞰的態勢。

但他壓根沒把王平等人的斷水論、困山論放在眼裡，認為那不過是危言聳聽，大驚小怪。自己把軍隊駐紮在山上，置於死地而後生，敵人來了，猛虎下山，勢如破竹，豈有不勝之理。高手出招，就要標新立異，才能顯示出自己獨特的才華。

很可惜，他根本不清楚自己那些手下心裡是怎麼想的，會不會置之於死地而後生。估計大多數人置之於死地後，早已經嚇得癱倒在地，別說戰鬥，連逃跑的力氣恐怕都不剩多少了。

馬謖的失誤也正好給了張部機會，既然蜀軍自己放棄了水源，那張部正好可以斷絕馬謖取水的道路，等到蜀軍缺水被困，一舉發動進攻。

馬謖就這樣毫無疑問地失敗了，戰場之上，就因為馬謖一人的失誤，最終令蜀國失去了街亭，更令無數士兵為此丟掉了性命。而諸葛亮帶領的後續部隊也由於少了街亭這個落腳點，最終沒能進攻魏國。

馬謖的失誤看在眾人眼裡，諸葛亮怎能徇私？等到馬謖被抓進大牢，他最後留給諸葛亮的請求也只能是照顧自己的家眷了。

　　劉備去世前，曾對諸葛亮說，馬謖這個人言過其實，不可大用。馬謖之死，一方面是諸葛亮對馬謖感情的割捨，一方面也是想起劉備的臨危叮囑，為自己用人不明而痛哭。馬謖死後，諸葛亮將馬謖的兒子收為自己的義子。

抓了放，放了抓
——逃不掉孟獲

故事88

碰上蜀國最鼎盛的階段，又碰上南蠻想要入侵蜀地，這時候除了前線軍備的競爭，更離不開兩方勢力的智鬥。

蜀國有諸葛亮坐鎮，有臥龍的名號在，這場戰爭的勝負似乎已經見了分曉。不過，諸葛亮的追求可並不只是想要取得勝利，他更想要收買人心，要是能夠把敵軍的人才引進到自己的地盤，就是再好不過的結果了。

雙方第一回合較量，諸葛亮先打敗了孟獲，然後讓魏延設伏，生擒吃了敗仗而逃跑的孟獲。

孟獲很不服氣，認為不是真刀真槍的打拼，不算數，於是諸葛亮就放了他。

然後諸葛亮告訴孟獲的手下，說孟獲把失敗的責任都推到他們的頭上，罵他們是叛徒，貪生怕死，用來離間孟獲和手下人的關係。

這些人懷恨在心，趁孟獲不注意，把孟獲來了個五花大綁，綁去見諸葛亮，這是第二次擒孟獲。

孟獲更不服氣了，這是被人出賣，不算數，諸葛亮同樣放了他一馬。

諸葛亮這一招貌似高明，其實是因小失大。這不但直接導致愛好和平的兩大洞主董荼和阿會喃被孟獲殺害，還直接拒絕了眾酋長尋求和平結束戰爭的請求，等於是讓孟獲把更多的軍民綁上戰車。

然後，孟獲要他的弟弟來詐降，自己偷襲，這樣的小把戲，就更騙不了

玩了一輩子陰謀詭計的諸葛亮。他一眼識破了孟獲的伎倆，不費吹灰之力就將其擒獲了，但還是放了他。

第四次交手也不複雜，諸葛亮設圈套，引孟獲出來，輕鬆就捉到他，捉到後又和原來一樣放了他。

諸葛亮這次放回孟獲之後，與孟獲同為洞主的楊鋒為了平息這場諸葛亮與孟獲個人之間有害無益的殺人遊戲，再次將孟獲抓來送給諸葛亮。

原本希望透過孟獲之死來結束戰爭，遺憾的是，這個和平的願望再次遭到諸葛亮踐踏。

第六次，孟獲搬來了救兵，用訓練的野獸來參戰，諸葛亮被打敗，還遇到幾處毒泉，差點丟了性命。但諸葛亮還是想出了高招，他造一些巨大的假獸，嚇唬那些真獸，又生擒了孟獲。孟獲當然不服，諸葛亮一笑了之，同樣放了他。

第七次交手，也就是最後一次交手，孟獲請來了烏戈國的救兵，結果烏戈國國王兀突骨及其三萬藤甲軍被諸葛亮一把火燒得精光，並再次生擒孟獲。

面對如此殘忍的場面，諸葛亮也垂淚歎息道：「吾雖有功於社稷，必損壽矣！」可是，他如此不計成本地玩這種野蠻血腥的遊戲，並且還將這樣多餘的戰爭美化成有功於蜀國社稷，實在令人費解。

這次，諸葛亮同樣放了孟獲，但孟獲徹底服了氣，發誓不再跟諸葛亮做對，做一個聽話的大蜀國順民。

於是，諸葛亮再次封他為王，讓他管理西南邊陲。

從此，孟獲服服貼貼地為諸葛亮賣命，使諸葛亮再無後顧之憂，一心一意北伐中原，匡扶漢室去了。

小提示

　　關於孟獲其人，學界一直是有爭議的。在陳壽所著的《三國志》中，曾記載一位南中叛黨雍闓高定之徒，其人身被七擒，而其名即為「獲」。

下棋療傷兩不誤
——關羽刮骨療毒

　　常年在戰場上，自然沒有不受傷的道理，像關羽這樣的頂級武將，每每都是身先士卒衝鋒陷陣，即使武藝再高強，碰上不長眼的冷兵器，也難免有受傷的時候。

　　不過，明槍易躲暗箭難防，打仗作戰中箭事小，碰上把箭頭抹毒的，那就要謹慎處理了。

　　一次，關羽領著大軍攻打曹操，就恰好中了曹軍的毒箭。此時軍中沒有能夠治療毒傷的軍醫，而關羽又不肯耽誤戰事回荊州治療。

　　眼看關羽的毒傷越加嚴重，手下人只好在當地貼出尋醫的佈告。

　　關羽疼痛難耐，在沒有良好的醫治條件下，除了忍耐沒有別的辦法。於是，他找馬良與自己共同下棋，希望藉此分散注意力，一來是想減輕自己的疼痛，二來也是為了避免擾亂軍心。

　　這時，一位醫生看了佈告來到軍營。

　　等醫生仔細檢查過關羽的傷口後，緊張地說：「將軍的手臂再不治理，恐怕以後就要廢了。可此毒已經侵入骨頭，想要根治，必須把將軍的手臂牢牢綁在柱子上，然後我用刀把皮肉割到可見骨頭的程度，用刀將骨頭上的毒刮去才可。最後敷藥縫線，才能保住將軍的手臂。」

　　關羽聽了以後竟然沒露出半點畏懼，反而笑著對醫生說：「我堂堂男子漢，怎麼還怕痛？不需要綁住手臂。先生遠道而來，不如先命人送上酒菜。」

【刮骨療毒】

醫生畢竟只是普通百姓，面對關羽也不知如何是好，只能聽從關羽的意見先吃午飯。

醫生這頓飯吃得十分忐忑，刮骨療毒，這豈是一般人能夠忍受得了，關羽竟然連手臂都不綁。

可醫生又見到關羽由始至終沒露出半點痛苦之色，這才相信關羽能夠忍受。

關羽見醫生也差不多用好了酒菜，於是伸出受傷的右臂對醫生說：「現在就請您為我治療，我照樣下棋，請先生不要見怪。」醫生聞言，也不好多加勸阻，只好從醫箱裡取出手術用的尖刀，又請人在關羽的臂下放一個盆子，看準位置，下刀把關羽的皮肉割開。

在場之人無不為其捏了一把冷汗，可此時的關羽卻談笑風生，落子吃子毫不耽誤。

有了關羽這份從容，醫生的緊張情緒也漸漸平復，等到將關羽的皮肉割開以後，醫生對關羽說：「我要用刀把將軍骨頭上的毒給刮走。」語畢，只

見醫生操著嫻熟的手法，已經用刀子在關羽手臂的骨頭上來回刮動。一刀刀刮在骨頭上，流出了很多鮮血。連平時對血雨腥風司空見慣的將士也都對此情景不忍多看，唯獨關羽始終面不改色的和馬良下著棋。

終於，醫生將毒刮乾淨了，又為關羽敷了藥、縫了傷口。

等到一切結束，關羽忽然大笑而起，對眾將說：「我的手臂伸展和從前一樣，沒有任何不適，先生真是神醫啊！」

醫生回道：「我做了這麼多年的醫生，也沒有見過像將軍這樣勇敢的。雖然箭毒已經治好，但還是要謹慎，千萬不要動怒，等到百日之後，就可以痊癒了。」

小提示

在羅貫中所寫的《三國演義》中，將醫生寫成是華佗，一方面因為華佗是當時的名醫且擅長外科手術，另一方面也是為了增強故事的戲劇性。其實刮骨療毒在古代是一種由來已久的醫治方法。

誰也救不了
——呂布慘遭縊殺

故事 90

　　雖然呂布有自己的作戰部隊，也有自己的名號，可呂布稱王稱霸卻總是有個依附，似乎好像沒個靠山呂布就辦不成事一樣。

　　這位三國裡「武力值」最高的人，卻有著「三姓家奴」壞名聲，並為此受盡了唾罵。

　　呂布原本姓呂，父親早逝，認荊州刺史丁原為義父。丁原待他不薄，倚為股肱。然而，呂布見利忘義，殺了丁原，取其首級，投降董卓，拜為義父。天下第一好漢賣身投靠，使奸賊董卓如虎添翼，做盡了壞事。後來因為爭奪美女貂蟬，呂布不惜與義父反目，殺了董卓，奪回貂蟬。

　　這樣一個反覆無常的人，在西元 198 年，又依附了袁術。

　　袁術大家也都知道，三國袁氏曾是威震一時的豪門大族，可唯獨出了一個不可靠的袁術。

　　可想而知，呂布這次的選擇有多錯誤。

　　這年，袁術為了對付劉備找來了呂布。

　　呂布依附袁術後的第一件事，就是派出高順、張遼攻打沛城，希望擊敗劉備。

　　當曹操得知劉備有難，便派出夏侯惇援救劉備，不想被高順打敗，更慘的是還令夏侯惇失去了一隻眼睛。

很快，高順就攻破沛城，還把劉備的妻兒抓走當俘虜去了。

吃了敗仗的劉備無奈之下只得轉投曹操，有了曹操這個大靠山，劉備也方便報仇。

而曹操也很仗義，得知劉備輸得這麼慘，竟然親自率軍攻打呂布。

曹軍一路攻打到邳城腳下，曹操派人給呂布送了一封信，信中向呂布陳述了利害關係。

呂布看了曹操的信，又開始動搖想要投降，可呂布身邊的陳宮等人不傻，畢竟呂布和袁術結好是因為先背叛了曹操，此時再回到曹操身邊，難免曹操記仇，因此極力反對，並且對呂布說：「曹操從遠道而來，其局勢不能持久，將軍可用步兵和騎兵駐守城外，我率領其餘人馬關了城門把守。曹操如果向將軍進攻，我帶領部隊從後面進攻曹軍；要是曹操只是攻城，將軍就從外面救援。要不了一個月，曹軍糧食全部用盡，發起進攻就可以打敗曹操。」

呂布被這麼一勸，又開始認同陳宮的看法了。

想來呂布這樣三心二意沒自己的想法，也是讓人操心，可別人都利用呂布，他自己的老婆不會害他。

這時，呂布的妻子說：「從前，曹操對待陳宮像對待嬰兒一樣無微不至，陳宮仍然丟下曹操投靠我們。現在將軍對待陳宮的好並未超過曹操，卻打算丟下全城和妻子兒女孤軍遠出，一旦發生變故，該如何是好？」

呂布聽了妻子的勸說，沒有同意陳宮的意見，最後錯失良機，被曹操團團圍困。

呂布暗中派人向袁術求救，同時親自率領一千騎兵出城，不想直接被曹操打了個落花流水。

此時的呂布更加害怕了，而袁術的救援又遲遲不到，失去作戰信心加上從來沒搞好人際關係的呂布，開始面臨逢戰必敗的局面。

當曹操圍困呂布到了第三個月，呂布的軍中發生反叛事件，背叛的人將呂布抓住獻給了曹操。

　　呂布被捆到曹操面前時，曾幾何時不可一世的英雄竟然只剩下請求鬆綁的要求，誰想曹操卻笑道：「捆綁老虎不得不緊。」

　　呂布又說：「曹公得到我，由我率領騎兵，曹公率領步兵，可以統一天下了。」

　　曹操剛心動，劉備就在一旁煽風點火道：「明公看見呂布是如何侍奉丁建陽和董太師的嗎！」

　　僅僅一句話，就將呂布送上了西天。

　　三國裡，呂布從出場到喪命，共投靠了七位主子、認了兩位乾爹（丁原、董卓）。這七位主子分別是：丁原、董卓、王允、張揚（兩次）、袁術、袁紹、劉備，欲投奔第八位主子曹操時，因劉備提醒，終被曹操殺死。

小提示

　　陳壽曾評價：「呂布有虓虎之勇，而無英奇之略，輕狡反覆，唯利是視。自古及今，未有若此不夷滅也。」呂布曾有一匹名馬為「赤兔」，後來呂布投降被殺，這匹赤兔馬也不知所蹤。

不得不說的恩怨
——張繡與曹操的君臣關係

曹操剛開始打天下的時候，憑著自己的家世加上「挾天子令諸侯」的計策，有不少地方軍閥沒等曹操自己來打就已經主動示好投降了。

張繡也是這其中之一，不過張繡投降曹操可不是一次就能說得清的。

西元 197 年正月，曹操攻打張繡的根據地宛城。

大軍壓城，張繡戰與不戰，靠他一個人想是不夠的，於是他便詢問謀士賈詡的意見，而賈詡很堅定地說出一個字：降。

因此，曹操便率軍直接進了宛城，不費吹灰之力。

張繡向曹操投降，那宛城自然也是曹操的囊中物了，於是乎，當曹操看到張濟的遺孀鄒夫人之時，自然認為鄒夫人也屬於自己的私人財產。曹操素來看到美女就走不動，眼前鄒夫人一顰一笑都是傾國傾城，曹操立刻納了寡婦鄒夫人做妾。

守寡的鄒夫人死了老公，反而找到更值得依靠的男人，她本人自然沒什麼不願意的。而曹操又不嫌棄鄒夫人有過婚姻史，不介意鄒夫人二婚嫁給自己，兩人情投意合，本來你情我願這事也礙不著別人來指手畫腳。

可偏偏張繡卻忍不下這口氣，他覺得曹操是在奸占自己的叔母，是對自己死去的叔父不敬。他每每見到曹操走進叔母的營帳就有氣，一怒之下竟然在夜間偷襲曹營。

曹操被張繡來了個突擊戰，簡直是防不勝防，這成了他戰鬥史上最不堪

回首的一次失敗。曹操的右臂被刺傷，大兒子曹昂、侄子曹安民和愛將典韋，還有他剛娶過門心愛的鄒夫人都死在這場戰爭中。

大敗曹操以後，張繡又重新奪回了他的宛城，自己重新當老大。

但到西元 199 年，張繡的力量已經微不足道了，他知道早晚會有比他更強大的軍閥來吞併自己的勢力。恰好此時曹操和袁紹爆發官渡之戰，於是張繡看準機會，準備在二者之間選擇一個人投降。

在袁、曹兩人間一對比，顯然投降曹操更為明智。可張繡之前和曹操有過仇怨，為難的張繡於是又把賈詡叫來詢問意見，賈詡還是一個字：降。

於是，張繡再一次聽從了賈詡的建議，向曹操歸降。

張繡二次歸降，曹操心裡不免要多加一層防備，畢竟張繡曾經背叛過自己，還殺了自己的兒子和愛將。但和袁紹開戰在即，如果此刻不接受張繡，那麼張繡轉而支持袁紹，可能官渡之戰自己會大敗。

到底是做大事懷天下的人，曹操在一番利弊權衡之後，還是決定將張繡與自己的仇恨暫且放下，接受張繡的投降。

西元 200 年，張繡第二次正式投降曹操，而曹操也果然沒和張繡提到過去的不愉快，只是牽著張繡的手參加為張繡舉辦的宴會，並且為自己的兒子曹均娶了張繡的女兒，和張繡結了親家，又封張繡為揚武將軍。

同年，張繡隨曹操參加官渡之戰，因力戰有功，張繡再次被升為破羌將軍。

從此以後，張繡這才和曹操化解了恩怨，建立穩定的君臣關係。

　　民間傳說中，張繡人稱「北地槍王」，能使一杆虎頭金槍。張繡是武術名家童淵的大徒弟。戰宛城時由胡車兒偷走典韋的雙戟，然後得以槍挑典韋。他的「百鳥朝鳳槍」威震天下，後來與趙雲大戰三百回合，被趙雲的七探蛇盤槍殺死。

　　從此，趙雲成了真正的槍王。

曹操也有被坑時
——草船借箭真實版

赤壁之戰的時候，曹操和孫權錯過了真正開戰的機會，但三權鼎立，孫、曹之間的戰爭是在所難免，雖然遲了幾年，但到底還是要打的。

曹操這次攻打孫權沒再碰上孫、劉聯盟的尷尬，可曹操還是損失了自己手下的第一軍師荀彧。

荀彧死後，曹操對孫權的怨恨也更深了，發誓一定要繼續向東和孫權決一死戰。

那時的曹操號稱有四十萬大軍，所以這場戰爭在大家眼裡都認為一定會像赤壁之戰那樣打得轟轟烈烈，誰知道最終的結果卻是令人大跌眼鏡。

初期，曹操剛到長江西岸，不費一點力氣就拿下一個據點。

等孫權接到消息趕過來時，曹操已經安安穩穩地安營紮寨了。

眼見戰爭發展到白熱化的程度，誰知突然間兩邊都開始按兵不動，僵持了一個月之久也沒有爆發一場戰爭。

於是，到了第二個月，實在無聊的孫權開始沒事找事地挑釁曹操的軍隊，時不時搞一個水軍偷襲，每次都能出奇制勝。雖說這種小騷擾不能造成大的傷害，可曹操總是失敗，心情還是很低落。等到曹操醒悟過來不能和孫權搞水戰的時候，曹軍已經有三千多人被俘到孫權的兵營了。

曹操倒沒有氣急敗壞，既然水裡打不過孫權，就避開和孫權交戰。

於是，曹操開始避而不戰。

孫權見曹操整天躲在岸上，就組織了一個專業的「挑釁隊伍」，每天在水裡向曹操大罵。

可曹操這邊仍然無動於衷。

終於，孫權忍無可忍了，於是戲劇性的一幕也就出現了。

一天，孫權親自率軍大搖大擺地來到曹操的營地。

他一路招搖，曹軍完全不明白發生什麼事，孫權一邊參觀者曹營，一邊還和曹軍士兵問好。

曹操自然也要趁此機會觀察孫權的軍隊。

孫權一向以軍紀嚴明著稱，此時來示威帶的又都是精兵將領，曹操眼裡看到的除了驚歎還是驚歎。

曹操看著孫權整齊的部隊，十分感慨地說出了那句很著名的話：「生子當如孫仲謀啊！」

孫權參觀過後，大搖大擺地離開了。可沒過幾日，孫權再次來參觀。不過不同於上一次，這次孫權是在大霧天，乘著船來查探曹操的士兵。

也正是這次檢閱，孫權上演了歷史著名的草船借箭故事。

草船借箭這件事一直藉著赤壁之戰，把功勞歸在諸葛亮身上，其實壓根和赤壁之戰沒半毛錢的關係。不過，借箭的事情的確是有的，被坑的也的確是曹操，只不過借箭那方並不是諸葛亮，而是孫權。

當時曹操和孫權交戰，孫權藉著江東水路開著大船，趁大霧浩浩蕩蕩的過來了。可孫權不是想要和曹操打仗，而是親自前來參觀曹操的水師。曹操隱隱約約只知道孫權率軍過來了，但江面上全是大霧，曹操根本摸不清狀況，更不敢貿然開戰。

這邊孫權擂鼓吶喊，那邊曹操不明所以，為了以防萬一，害怕被偷襲的曹操不管三七二十一，便下令要所有士兵向孫權的戰船射箭。

而孫權這邊則很自然地等著曹操親自下令把箭射滿船身，等到一面船身被射滿而失去平衡以後，孫權便下令士兵將船調轉過來，讓船的另一面繼續受箭，最終的結果大家都知道了：孫權率領著像是刺蝟一樣的船隊回到了東吳。

小提示

草船借箭發生在赤壁之戰後第五年的濡須之戰。西元 212 年，平定了馬超等西涼軍團的曹操重整旗鼓，將目標鎖定孫權，打算一雪赤壁之恥。於是在十月，集結了號稱四十萬大軍南下征孫權。

被出賣的人生
——劉備與益州的緣分

以劉璋中庸的思想，難有作為已經是既定事實，好在劉璋對益州並沒有太大的留戀，既是為了百姓們免於戰火，也是為了自己能夠平靜度日。於是，當曹操打算前來爭奪地盤時，劉璋已經開始考慮將益州獻給曹操，並且派了親信張松和曹操商量交接事宜。

誰知當時曹操腦子進水，一看到面相醜陋的張松就覺得渾身不自在，怎麼也不肯好好和他商量交接事項。

而張松也是一個心高的人，明明長得醜，但就是不能被別人說自己長得醜。從曹操這換來冷臉色的張松一氣之下回到了益州，在劉璋面前數落曹操各種不是，反正劉璋不知道事情真相，聽到張松對曹操的評價如此之差，也就放棄了將益州獻給曹操的打算。

而張松給曹操負評的原因，除了曹操鄙視自己長得醜以外，還有一個很重要的理由：他已經被劉備收買了。

和益州很有「緣分」的劉備自然不能放過奪取益州的機會，可是此時已經是荊州牧的劉備總不能直接和劉璋要益州吧，那麼只能從智取和武攻兩方面考慮奪取益州了。

此時，劉備的軍隊大部分都忙著和曹操打仗，想要硬碰硬和劉璋打，恐怕只會自損兵力，那就只能採用智鬥的方式了。

這個計畫劉備已經打算了好久，終於可以實施，想必心情也十分激動。

有個前提條件，當年尚是劉備妹夫的孫權也忙著和曹操打仗，於是劉備便寫信給益州劉璋，先表明自己與孫權的關係，又說明自己此時的實力不夠，對孫權愛莫能助的心情，接著又說此時如果不將曹操派出的張魯殲滅，那麼張魯自然要將目光轉向劉璋的益州。一番陳述後，劉備該說正題了：他想從劉璋手裡借兵和糧草。

　　劉備誠心誠意開口求助，加上劉備和劉璋都是漢室宗親，劉璋不幫忙顯得說不過去，況且劉璋這人本來就心軟，面對別人的請求一向不會拒絕。就這樣，劉備順理成章的從劉璋手裡借到四千兵馬，以及相應的糧草資助。

　　劉備這邊剛從劉璋手裡拿了好處，就已經開始盤算著怎麼攻打劉璋了，可另一邊張松事情敗露被殺的消息卻傳到了劉備耳裡。

　　劉備知道攻打益州一事已經到了緊要關頭，就直接向劉璋宣戰。

　　劉璋此時多麼無奈啊，先是被自己的親信出賣，接著又被自己的親人出賣，可戰爭一觸即發，劉璋想不應戰也不行。

　　這個時候，劉璋身邊有一位叫鄭度的官員向劉璋獻計說：「劉備此時孤軍，不過萬人在益州，他的後續部隊都被牽制在其他的戰場，在沒有糧草的補給下，不出百天他就會自己撤軍的。更何況他將您給他的白水軍團主帥剛剛殺掉了，這等於四千白水士兵不會全心為他作戰。因此，您不如把涪城附近的百姓全部後撤，把倉庫中帶不走的糧草全部燒光，然後修建工事，等到劉備斷糧逃跑時，我們趁機率軍出征，必擒劉備。」

　　可劉璋還是同情百姓，不忍心採用鄭度的辦法，就這樣錯過了打敗劉備的機會。

　　在漫長的堅守戰爭裡，劉璋無論是出戰還是防守都顯得力不從心，畢竟他的心思不在爭權奪勢的戰場上。

　　西元 214 年，當劉備正式率軍包圍成都時，劉璋再也不願意打下去了。

在劉璋的眼裡，這個亂世實在不適合他，人人爾虞我詐爭權奪勢。雖然當時城中仍有三萬精良部隊，而糧食也足夠支持一年，更重要的是面對劉備的侵略，城中官員百姓都一致團結，希望抵抗到底。

可劉璋卻對所有人說：「我父子在益州二十多年，沒有給百姓施加恩德，卻打了三年仗，許多人死在草莽野外，只因為我的緣故。我怎麼能夠安心！」於是，劉璋下令開城門，出城投降劉備，益州也正式從劉璋的手裡轉交給了劉備。

小提示

　　劉璋投降以後，劉備將劉璋原本的財物歸還於他，又將劉璋遷至公安，授予振威將軍之位，但對於劉璋投降的做法，他的部下和百姓們還是為此惋惜痛哭。

相煎何太急
——曹植七步成詩

故事 94

　　自古帝王之子為了王位都會拼得你死我活，也不想想兄弟身上與自己流著相同的血，為了利益什麼事情都做得出來。

　　曹操百年之後，將王位傳給了長子曹丕，雖然曹丕最終成了勝利者，但他唯恐自己的幾個弟弟與他爭位，便準備先下手為強，特別是對自己的三弟曹植，他更是妒忌萬分。

　　曹丕始終覺得父親本意並不想將王位傳給他，而是想傳給他的弟弟曹植。戰亂時期，國家需要曹丕這樣的將才，可是和平年代，似乎曹植的宅心仁厚更能穩住國家社稷。

　　一天，相國華歆上殿來奏說：「先王駕崩之時，臨淄侯曹植、肖懷侯曹熊兩人竟不來奔喪，理當問罪。」

　　曹丕聽奏，立即派使者前往臨淄和肖懷問罪。不久，肖懷使者回來說：「肖懷侯曹熊恐怕問罪，自己上吊死了。」

　　曹丕聽了，命令用厚禮埋葬，並下令詔贈曹熊為肖懷王。

　　又過了一日，臨淄使者來報說：「臨淄侯曹植整日與丁氏兄弟飲酒作樂，根本不把您的旨意放在眼裡。那個丁儀還破口大罵說：『過去先王本打算立我主為世子，結果被奸臣所阻，現在先王剛死不久，就來問罪於同生骨肉，不知是何道理？』丁廙也附和說：『我主聰明冠世，自然應當繼承王位。』後來臨淄王竟一怒之下叫出武士，將臣亂棒打將出來。」

聽到這裡，曹丕大怒，立刻命令許褚率領三千兵馬，火速到臨淄擒拿曹植等一干人來。

許褚奉命來到臨淄，衝入城中，將喝得爛醉如泥的曹植與丁氏兄弟捆綁起來，押入了兵車；府內的大小官員也都捉拿起來，隨曹植一同解往鄴城。

曹丕的母親卞氏聽說曹植被抓了起來，急忙上殿來求情。

她哭著對曹丕說：「你的弟弟曹植平生好酒輕狂，不過是仗著胸中有點才學，所以放縱罷了。你應該念同胞之情饒他一命，這樣，我到了九泉之下才能瞑目。」

曹丕對母親說：「我也深愛他的才學，不會加害於他的，請母親放心。」

卞氏離開後，華歆問道：「方才太后是不是來勸你不要殺子建？」

曹丕說：「是！」

華歆說：「子建有才有智，終將對你不利。假如不早把他除掉，必定成為後患。」

曹丕無奈地說：「母親的意思不可違背。」

華歆建議道：「人人都說曹子建出口成章，主上可以召見他，以才試之。假如作不成詩就殺掉他，假如能作成詩就貶謫他，以堵住文人之口。」

曹丕深表贊同。

於是，曹丕藉口要舉行家宴，把曹植召入宮中。

酒興正濃時，曹丕看著忐忑不安的弟弟，殺心頓起，佯裝酒醉，對曹植說：

「父王在世的時候，你常以文章在人前誇耀自己，我懷疑你是讓別人代筆而作。現在限你在七步之中吟詩一首，如果能作出詩來，就免你一死；如若不能，就嚴加治罪，絕不寬恕！」

曹植倒吸了一口氣，但是君無戲言，他只能照辦。

曹丕看殿上掛著一幅水墨畫，畫有兩隻牛在牆下頂架，一頭牛墜井而死。於是他指著這幅畫說：「就以這幅畫為題吧，詩中不許犯『二牛鬥牆下，一牛墜井死』的字樣。」

一步，曹植心煩意亂，腦袋一片茫然，高高在上的曹丕看出他的煩亂，嘴角不禁挑起一絲微笑。

兩步，曹植看見哥哥的笑臉，心中一陣寒氣，這是那個從小一起吟詩作樂的哥哥嗎？如果沒有生在帝王家，兄弟之間會不會和睦相處呢？

三步，他定了定神，思路瞬間被打通了。

四步，五步，六步，七步。

「想好了嗎？」曹丕笑著問，神情竟似尋常人家和藹可親的兄長。

曹植看著不懷好意的哥哥，心裡感到萬分的淒涼，他噗通一聲跪倒在地：「想好了。」

於是，他脫口吟詩一首：「兩肉齊道行，頭上帶凹骨。相遇塊山下，欲起相搪突。二敵不俱剛，一肉臥土窟。非是力不如，盛氣不泄畢。」

曹丕聽後十分驚訝：「七步成詩，我感覺還是慢，你能夠應聲而作一首嗎？」

曹植說：「請出題。」

「我和你是兄弟，就以這個為題，不許犯『兄弟』二字。」

曹植不假思索地說道：「煮豆燃豆萁，漉豉以為汁。萁在釜下燃，豆在釜中泣。本是同根生，相煎何太急！」

吟完這首詩，曹植眼含熱淚看著曹丕：如果這首詩不能打動哥哥，只能說明主上已經變成了殺人不眨眼的冷血動物，自己命當該絕。這是一場賭注，

他在賭曹丕心裡對親情的那一點留戀。

曹丕聽完這詩，彷彿聽見了豆子的哭泣，霎那間心軟了。

他走下殿，扶起跪在地上的曹植，笑容溫暖如冬日午後的陽光：「好詩！我弟弟果然是當世的才子！」

曹植長長舒了一口氣，雖然心裡還是有些顧慮，但他畢竟賭贏了。他賭贏的，除了兄弟之情，還有哥哥心中那份從小養成的浪漫情懷。曹丕和曹植一樣，也是個詩人，兄弟二人經常聚在一起吟詩作對。也許曹丕在這一瞬間激起的，不僅僅是久違的親情，還有對往事最純真的追憶。

曹植逃過一劫，從此兄弟相處基本上就是井水不犯河水。

小提示

在中國歷史上，一個統治者登臺，必然要伴隨著屠殺。開國之君如此，太平盛世父崩子繼者也如此。最高權力的爭奪，從來都是激烈的生死較量。翻開史書，任何一位帝王，無一不是在殺戮的腥風血雨中登上寶座的。曹氏弟兄的爭奪，不是第一個，也不會是最後一個。

老天爺最「給力」
——關羽放水淹七軍

劉備占領了益州後，孫權來向劉備討荊州，劉備不同意，兩人鬧得很不愉快。後來，聽說曹操要攻打漢中，兩人才又結盟，將荊州以湘水為界，以西為劉備，以東為孫權。

荊州的事情解決了，劉備就專心對付曹操，讓諸葛亮坐鎮成都，親自率軍向漢中出發。

曹操聽說劉備帶兵出征了，馬上也率軍與劉備對抗。他親自坐鎮指揮，兩軍僵持了一年。

第二年在陽平關一戰中，劉備大勝，夏侯淵被殺，曹操不得不退出漢中，撤退到長安。

這樣一來，劉備在益州的地位就更加穩定了。

西元 219 年，劉備自立為漢中王。隨後，按照諸葛亮的計畫，是要從兩路攻打曹操，上一次在西面的漢中打了勝仗，所以這次從東面荊州打入中原。

而鎮守在荊州的正是關羽，自劉備做了漢中王以來，就派人封關羽為前將軍。本來關羽不願意，後來聽人解釋，才知道裡面緣由，劉備是重用他，這才高興起來，

從荊州攻打中原，劉備讓關羽進攻，關羽就派了部將留守江陵和公安，親自帶兵向樊城進攻。

在樊城的魏軍守將是曹仁，他得知這個消息馬上告知曹操，曹操便派了

於禁、龐德兩人帶領隊伍前去支援。

來到後，曹仁讓兩人帶著大軍在樊城北面的平地上駐紮，和城中好相互照應，使關羽無法攻打進來。

蜀軍和魏軍正在僵持的時候，樊城下起了大雨，漢水極速上漲，平地上的水都漲出了一丈多。而於禁把軍隊駐紮在北面的平地上，這一下大水從四面八方湧來，把軍隊都給淹了，於禁不得不帶著他的軍隊找個地勢高的地方避水。

關羽其實早就看到了，趁著水勢，安排了大小船隻，領著水軍就向魏軍攻了過去。先是把主將於禁給包圍起來，讓他放下武器投降。於禁被關羽困在一個水中的土堆上，看無路可退，只有投降了。

而龐德帶著另一批士兵到一個河堤上避水，關羽的水軍圍了上來，船上的弓箭手朝著龐德所在的河堤上放箭。龐德手下十分害怕，對龐德說：「我們還是投降吧。」龐德聽到手下這麼說，大罵他沒有志氣，拔劍將這名士兵砍殺了。

餘下的士兵看到龐德這個樣子，都跟著他上前抵抗。

龐德箭法很好，關羽的水軍被他射殺了很多，兩軍從早上一直打到下午，龐德弓箭都用完了，就讓士兵們拿著刀出來搏鬥砍殺。

他跟身邊的士兵說：「我聽說良將不會為了怕死而逃命，烈士不會為了活命而失節，今天就是我死的日子。」

這時候，大水越漲越高，河堤上的地面越來越小，關羽的水軍則進攻得越來越猛烈，魏軍紛紛投降。

龐德則趁亂帶著三個士兵從蜀軍手裡搶了一條小船，想逃向樊城。

不料一個大浪襲來，把小船打翻了，龐德掉在水中，被關羽的水軍給活捉了。

士兵把龐德帶回關羽的大營，關羽好心勸他投降，可龐德卻大罵：「魏王手裡有一百萬人馬，威震天下。你們的主子劉備，怎麼能與魏王相比，我寧願做魏王的鬼，也不願意做你們的將軍。」關羽聽到，讓士兵把龐德拖出去斬了。

　　關羽藉著大雨漲起來的水勢，消滅了于禁、龐德帶領的七支軍隊，乘勝追擊，要拿下樊城。

　　這時候的樊城，裡裡外外都是水，城牆也被大水沖壞了好幾處，曹仁的手下都很害怕，有人就對曹仁說：「現在這個樣子怎麼守啊？還是趁著關羽的軍隊沒到，趕緊乘船走吧！」

　　曹仁也覺得再守下去不僅丟了城，還會被殺，就與守城的滿寵商量。

　　滿寵說：「過幾天水就會退下去了，聽說關羽已經派人在另一條道上向北進攻，他自己不敢攻，是因為怕我們截住了他的後路。要是我們逃走了，那麼黃河以南恐怕就不是我們的了，還請將軍再堅持一下。」

【關羽擒將圖】

曹仁認為滿寵說的有道理，就鼓勵將士們守城。

可是這時候，在陸渾的百姓孫狼發動起義，殺了縣城裡的官員來回應關羽，整個許都以南，也有很多人起義回應關羽，一時關羽的威名響徹了整個中原。

小提示

打仗這種事，注重的是天時、地利、人和，而首要的就是天時。老天幫著關羽，給整個樊城下了一場大雨，而於禁把軍隊駐紮在平地上，大雨下來首當其衝，沒有好的地利，導致七支軍隊都被關羽的水軍給打敗了。

傻人有傻福

故事 96

——劉禪快樂度餘生

　　三國中的劉禪，早就被後人誣衊得醜陋不堪，好像他根本不配當蓋世英雄劉備的兒子，是一個窩囊廢、軟骨頭、道地的可憐蟲。但如果換個角度來看，劉禪還真是一個了不起的人物，而且並不比三國時期那些所謂的英雄遜色。

　　首先，劉禪有一個樂觀的人生態度，他討厭戰爭，嚮往和平穩定的幸福生活。劉備準備率領大軍討伐東吳，為關羽報仇，臨行問劉禪有什麼話說，劉禪笑嘻嘻地回答，聽說東吳的一種魚很好玩，希望父親能帶回幾條。可見劉禪並不關心戰爭，更關注生活的樂趣。諸葛亮屢次出兵伐魏，劉禪也勸告說，如今三國鼎立，正是和平好時候，叔叔你為什麼不好好享福，還要興兵打仗呢？

　　劉禪之所以在沒有父親的庇護下，獨享皇帝幸福生活四十多年，最重要一點是他有著異於常人的容人之量。這一點，連他的老子劉備也自愧弗如。他容忍了諸葛亮專權十一年，容忍蔣琬、費禕、姜維等人把持朝政三十年，他的人生態度是：只要能保證我的幸福生活，你們愛怎麼折騰就怎麼折騰。而且他非常仁義，從不主張殺人，對待那些犯了錯誤的大臣，也是建議儘量不要使用死刑。魏延造反被殺，令他感到惋惜，賜了口棺材，讓人好好埋葬。

　　當然，劉禪也並非是昏庸無能的糊塗蟲，其實他的頭腦非常清醒，在假裝糊塗中知人善用。諸葛亮在位時期，他迫於無奈，但又看中了諸葛亮過人的本事，所以任憑他一手遮天。諸葛亮一死，他立刻廢除了丞相制度，雖然

繼續沿用諸葛亮的治國之策，但把權力分散到蔣琬、費禕二人手裡，讓二人互相制約，如同今天的三權分立，使蜀國再沒有出現一人獨攬朝政的現象。等到蔣、費二人死去之後，他就一人獨掌朝綱，雖然讓姜維輔佐他，卻沒有給姜維太大的權力，確保了自己地位的穩固。

人們最不齒劉禪的，莫過於樂不思蜀了。

當時，司馬昭和劉禪一起飲酒，司馬昭為了試探劉禪是否真心投降，故意讓樂隊演奏蜀國的音樂，別人都感到悲傷，而劉禪聽到音樂卻非常開心。這種發自內心的正常反應，卻被很多人譏笑，司馬昭甚至對賈充說，這樣一個糊塗蛋，別說是姜維，就算諸葛亮活到現在，也幫不了他的忙。賈充回答說，如果他不是一個糊塗蛋，你怎麼能吞併蜀國呢？司馬昭不懷好意地問劉禪，你還想你的蜀國嗎？劉禪不假思索，脫口而出：我在這裡很快樂，為什麼要思念蜀國呢？他的一個手下郤正聽說了，就教他說，以後司馬昭再問你這話，你應該大哭著說，祖宗的墳墓都在蜀國，我日夜惦念，這樣，司馬昭就會放你回去了。等司馬昭再問劉禪，他果然就那樣回答了，回答完閉上眼睛，假裝要哭的樣子。司馬昭當場揭穿他說，我怎麼覺得這是郤正的口氣啊。劉禪大吃一驚，說，你說得一點沒錯。眾人聽了都哈哈哈大笑。司馬昭非常喜歡劉禪的誠實，不僅沒有殺他，還給他封了侯，讓他享受不錯的生活待遇，繼續過著無憂無慮的幸福生活。

其實，樂不思蜀正是劉禪的大智慧。作為階下囚的亡國之君，稍有不慎便是滅頂之災，想要保全自己的性命，就必須給人一個「此人不足為慮，我無憂矣」的印象。於是劉禪只好「此間樂，不思蜀」，讓司馬昭對他失去戒備心理。

劉禪不愧是天才演員，其精湛的演技不僅騙過了奸詐的司馬昭，還騙了後世的人們。

小提示

　　劉禪對司馬昭說，在洛陽很快樂，以至於不想念蜀地，也因此出現了「樂不思蜀」的典故。後來多用樂不思蜀比喻在新環境中得到樂趣，不再想回到原來環境。

滿城都是硫磺
——來自博望的大火

故事 97

話說當牛劉備尚無諸葛亮相助，還寄居在劉表所管轄的新野。

劉表趁著曹操忙於官渡之戰，他想要取得許都，命劉備帶兵出征，於是劉備開始了北伐。

劉備率軍一直打到了葉縣，等快要接近許昌的時候，曹操這才意識到危急性，緊急把大將夏侯惇、于禁、李典調到許昌戰場反擊劉備。

劉備半路碰到曹操的大軍，只好撤退到博望，選擇在此與曹軍對峙。

不過，兩軍對峙過程中，劉備卻並不與曹軍真正交戰，反而只是刻意派出少數軍隊與夏侯惇打，還要求自己的軍隊故意輸給夏侯惇，要多弱不禁風就有多弱不禁風。

等到夏侯惇占足了上風，劉備更表現出落敗而逃的樣子，直接把自己軍隊的營寨給燒了。

這把大火有多旺可想而知，當時劉表派劉備率領大軍是為了攻擊許昌，也是為了挫敗曹操的鋒芒。以曹操在當時的影響力，劉表哪裡敢輕敵，而劉備一路率軍攻打過來，在遇到夏侯惇之前基本沒受到什麼阻力。等到真正與夏侯惇的援軍交鋒，劉備也始終保存實力。萬餘兵力駐紮的營寨，單靠想像也能知道劉備的軍營占地面積有多廣了。可劉備卻一把大火把自己的地盤給燒光，簡直就是破釜沉舟。

這把大火在博望城中燒得浩浩蕩蕩，隔著老遠就能見到沖天的火光，以

及團團的煙霧。

等到夏侯惇的大軍不明所以趕過來的時候，已經是廢墟殘垣，夾雜著硫磺殘餘的氣味。

打仗能打到如此置之死地，夏侯惇哪裡想得到？眼見劉備竟然什麼都不要，為了逃跑，索性一把火燒了，夏侯惇的驕傲心情可想而知。

這番戲做下來，夏侯惇還有什麼理由認為劉備有能力繼續和自己作戰呢？既然劉備大軍已經不堪一擊，夏侯惇更要乘勝追擊，一舉剿滅劉備。

可就在這時，夏侯惇身邊的李典卻主張不要追擊，認為其中可能有詐。可畢竟夏侯惇才是主帥，在勝利面前，他哪裡還聽得進李典的勸諫，說什麼也要追擊劉備。

夏侯惇本就輕敵，追擊劉備的時候更沒有防備。當他的軍隊追擊到狹窄的林間山路時，卻突然遇上劉備的伏兵，夏侯惇被打了個措手不及，損失慘重，好在李典有先見之明，預先準備了自己的軍隊做接應。

得知夏侯惇遇到埋伏，李典立即指揮人馬前去幫忙，這才救出了夏侯惇。

小提示

《三國演義》中有個著名的橋段「火燒新野城」，是講諸葛亮以火燒之計令曹軍大敗，但歷史上並沒有火燒新野的故事，而是發生在博望，放火的也不是諸葛亮，而是劉備本人。

故事98 說說曹操的狼狽相
——割袍斷鬚躲馬超

　　曹操為人生性陰險狡詐，更是不把別人放在眼裡，一心只想奪得天下，在戰爭期間做盡了不仁不義之事，可卻從未想過會得到報應這一說。

　　而那馬超也是一名有本領的武將，聽說曹操居然害了他家人，滿腔的憤怒都在戰場上化為力氣，要與曹操拼到底。

　　當時，曹操命令鍾繇、夏侯淵帶領軍隊進攻漢中，但是要經過馬超所在的領地。這消息被馬超知道後，他與手下眾將都認為，曹操會藉著攻打漢中的機會攻打他們。所以馬超便聯合了韓遂一起反攻曹操，率領十萬兵馬在渭河、潼關紮營安寨，並舉薦了韓遂為都督。

　　曹操命曹仁帶著鍾繇、夏侯淵出發，曹操隨後就到。

　　可是曹仁到了之後，畏懼馬超他們的人馬，只能守在潼關，派人通知曹操。

　　曹操聽後十分氣憤，一個小小的馬超也敢攔我的路，便加快了前進的速度，並派遣曹洪、徐晃先到潼關接替鍾繇把守，告訴曹洪只要守住潼關十日即可，十日後便會帶著大軍到達。

　　曹洪、徐晃帶著人馬駐守潼關，馬超這時帶著人馬來到關下大罵曹操三代人。

　　曹洪聽見後大怒，要帶兵去攻打，被徐晃攔了下來，勸說曹洪：「這是馬超的激將法，我們只要聽丞相的話，守著潼關，等著大軍到來。」可是，

馬超日日帶人到關下辱罵曹操，到了第九日，曹洪在關上看到西涼軍在關下睡懶覺，就命人備馬下關廝殺，嚇得西涼兵趕緊往回跑，曹洪看到很是得意，便帶兵追了上去。

徐晃得知後很是吃驚，便帶兵追曹洪，要他快回來。這時突然聽見後面傳來叫喊聲，馬岱領兵從前面殺來，他急忙掉頭往回走，可是剛回頭就看到後面的馬超和龐德，兩人抵擋不過，失了大半軍隊。

龐德和馬超乘勝追擊，奪下了潼關。

曹洪丟了潼關，曹操帶兵想要奪回。

曹仁勸說：「先安營紮寨，然後再打也不遲。」曹操便命人砍樹安營紮寨。第二天，曹操帶領手下大小名將向潼關殺去，正好遇到了西涼兵，雙方都派出陣勢，準備開戰。

曹操騎馬立在門旗下，看著對面西涼的士兵，個個都是英雄好漢。前方站著馬超，馬岱與龐德各站左右，便上前對馬超說道：「你是漢朝名將的子孫，為什麼要背叛朝廷？」

馬超恨不得現在就殺了曹操，大罵道：「曹賊，你欺負皇上，罪惡深重，殺害我的父親和弟弟，我跟你不共戴天之仇，我一定要殺了你！」說完，就上前廝殺。

曹操命身後於禁出戰，鬥了幾個回合就敗下陣來。曹操又讓張郃出戰，這回戰了二十回合也敗下陣來。之後李通出戰，更是讓馬超給刺下了馬。

馬超用槍向後一指，西涼士兵一齊向前衝，曹軍大敗，急忙逃走。

這時馬超命士兵們高喊：「穿紅袍的是曹操。」曹操聽了急忙將自己身上的紅袍丟掉。這時又聽到西涼兵高喊：「長鬍子的是曹操。」曹操驚慌失措，竟然用自己的佩刀將鬍鬚割了下來。西涼兵看到後，便告訴馬超，馬超便又命人高喊：「短鬍子的是曹操。」曹操聽到，立即扯下衣角包住下巴逃跑。

他邊跑邊回頭看，馬超居然追了過來，曹操驚恐萬分，左右將士看到馬超追來，都拋棄曹操紛紛逃走。

馬超看到便大喊：「曹賊，你跑不了了，今日我就殺了你。」嚇得曹操丟了馬鞭。

眼看馬超就要追上來，趕緊繞著樹跑，馬超一槍扎到了樹上，等拔下槍時，曹操已然逃遠。

馬超趕緊去追，這時聽到對面山坡有人喊：「不要傷害我的主公，我曹洪在此！」

曹操就在曹洪的幫助下保住了性命，曹洪與馬超大戰了四五十回合，夏侯淵急忙趕來幫忙，馬超抵擋不過，掉頭回去。

曹操感歎：「若是我當時殺了曹洪，今日必定會死在馬超手裡。」想想都心驚膽戰。

小提示

　　若當時曹操因為曹洪沒有服從命令而殺了他，那麼曹操今日也就會被馬超所殺。有時候做人的一念之舉，決定了今日的生死。

劉後主是塊「大肥肉」
——截江截下個劉阿斗

故事 99

當年馬超單槍匹馬打得曹操割鬚棄袍，這無疑是給天下英雄打了一劑強心針。

如今，馬超和曹操二度開戰，英雄豪傑們還沒來得及為馬超擂鼓助威，就已經傳來馬超戰敗的消息。

馬超被曹操趕出了西涼，唇亡齒寒，下一個目標就該是漢中，張魯這下可坐不住了。

張魯要打仗，肯定就要找西川的劉璋幫忙。

劉璋想要打勝仗，就得請劉備來助陣。

等到前線戰場亂作一團時，東吳的孫權就有機可乘了。

孫權看中荊州這塊地不是一天半天，此時劉備出兵幫著劉璋聯合張魯對戰曹操，沒什麼事的孫權正好可以來個趁人之危，把荊州給占過來。

不過，孫權想要出兵打劉備還有個顧慮，自己的妹妹在荊州給劉備當老婆，一旦開戰，豈不是直接做了劉備的人質。於是，孫權便請出自己的母親吳國太，給孫尚香寫了封家書，信中寫著自己老來病重，思念女兒，也思念自己的外孫，想要孫尚香帶著劉備的兒子劉阿斗一同回來看看自己。

孫權這個算盤其實打得很好，既能把孫尚香從大戰在即的荊州戰場上解救回來，還能順帶拐上一個劉阿斗做人質，可謂是一舉兩得。

孫權想要拐走劉阿斗的心思再明白不過，這吳老太本身就沒見過阿斗，何況阿斗的親媽也不是孫尚香，自然不是吳老太的外孫，可這件事總要有個說得過去的理由，畢竟劉阿斗這個時候是劉備的獨苗，是劉備將來的繼承人。

這個人質的份量可是勝過百萬雄師。

有了策略以後，下一步就該實施了。

於是，孫權派了一個叫周善的將領帶領五百士兵，假扮成商人，分散乘坐五條商船，由水路前往荊州。

孫尚香和劉備本來就是政治聯姻，又是老夫少妻，在劉備的地盤孫尚香早就待不下去了，這時候看到自己哥哥派人來接自己回東吳，自然喜不自禁。

可是天真的孫尚香看了吳老太的書信，第一反應是：既然要帶著劉阿斗，就應當和軍師諸葛亮打聲招呼。

周善哪能同意，趕忙攔著孫尚香，說：「如果軍師不讓夫人走怎麼辦？萬一吳老太的病等不了太久，豈不是耽擱了。如今還是先抱著阿斗回去再說，日後送回來就是了。」

到底是娘家人，孫尚香一聽，覺得周善說得也有道理，就跟著周善悄悄抱著阿斗離開了。

孫尚香前腳剛走，在江岸附近巡邏的趙雲就收到了消息。

夫人走了不要緊，阿斗離開了可就不妙。

此時劉備還在戰場上拼死拼活，要是回來知道兒子被拐到東吳了，豈不是得急死？

這時，趙雲看到江邊有一條小漁船，想都沒想就跳了上去，拼命搖櫓追趕周善的商船。

周善遠遠看到追過來的趙雲，趕忙命弓箭手射箭阻攔，可都被趙雲一一

擋開了。

到底是能「單騎救主」的趙雲，在周善的冷箭攻勢下不僅毫髮無損，還衝上了周善的大船。

這時候孫尚香聽到船艙外的打鬥聲，也抱著阿斗出來了，看見趙雲和自己的娘家人打成一團，孫尚香怒斥趙雲無理，又擺出夫人的架子責問趙雲是不是要造反。

趙雲不卑不亢地回答：「夫人要回去探望母親，您自己可以回去，但不能帶走阿斗。主公只有這麼一個血脈，不能落到江東。」

孫尚香一聽更是生氣，這趙雲分明就是信不過自己。一怒之下，孫尚香更是抱著阿斗死不放手。

趙雲勸說無效，只能硬搶。

抱著阿斗的孫尚香見趙雲鐵了心要搶走阿斗，趕忙讓侍女攔住趙雲。

可區區侍女哪裡能攔得住趙雲，沒兩下阿斗就被趙雲搶過來了。

不過，趙雲雖然搶回了阿斗，但畢竟是置身江水之上，如何脫身還是個問題，只能隨著周善的大船一路駛往東吳。

正當危急關頭，趙雲忽然看到下游出現了十幾條戰船。

趙雲這時的心情應該是糟透了，本來已經無路可走了，現在東吳的援兵又到，自己只能是死路一條了。

可等船隊貼到跟前時，發現張飛赫然站在上面。

張飛一到，當即拔刀殺了周善，這時換成孫尚香孤掌難鳴了，只好問道：「你為什麼這麼無禮？」

張飛回答：「夫人私自回家，才是無禮。」

孫尚香解釋說：「我母親病重，倘若等主公回來豈不是耽誤了？你們今天如果不肯放我走，我情願跳江而死。」

張飛一聽，也不再強留孫尚香，說道：「如果夫人顧念夫妻之情就早日回來。」然後，張飛就和趙雲帶著劉阿斗回去了。

誣告可不是好事

故事 100

——劉備怒鞭督郵

要說劉備年輕的時候，雖然有很大的志向，可實際上並沒有做什麼正事，但畢竟也算是個沒落皇親，靠著貴族關係，在當地還是混上了一個安喜尉的職務。

不過，劉備這個小官並沒有做長。

事情要從督郵例行公事檢查各縣工作說起。

當時這個督郵有夠倒楣的了，恰好被分到劉備當官的縣城來巡視，而劉備在官場上初出茅廬，一心想要巴結這個上級派來的督察組組長，自然在督郵面前沒少講好話。

可是劉備卻挑錯了時間，趕上中午去拜訪督郵。而這督郵十分有原則，秉持著中午要午休不工作的原則，說什麼也不見劉備，還要手下傳話給劉備說：有什麼事等到工作時間再說，現在是午間休息不辦公事。

劉備並不了解這個督郵，皇親的自尊感讓他深以為是督郵對自己看不過眼才會避而不見，並不認為這其實就是督郵講原則而已。

可劉備認定了督郵不喜歡自己，也自然認定了督郵回去之後會打自己的小報告。

雖然劉備在任期間沒什麼大的作為，可他也算是盡忠職守，從來沒犯過錯誤。劉備一想到督郵回去會打自己小報告，立即又想到督郵一定要編造假話來誣告自己了。這樣一來，劉備可不高興了，自己堂堂皇親國戚，豈容一

個小小督郵誣告自己。

這件事情雖然沒有事實根據，可劉備自己卻是越想越氣，氣到後來劉備簡直覺得忍無可忍，直接帶著一群朋友闖到了督郵的臨時住處，與此同時，劉備還高喊著：「我接到了太守的命令，就地逮捕督郵！」

而這時候的督郵卻並不知情，整個人沉浸在美夢中。

當劉備衝進督郵房間的時間，督郵完全不明白到底發生了什麼事。

就這樣，督郵莫名其妙地被劉備綁了起來。

劉備一路押著督郵，直接將督郵押送到邊界，又把督郵捆綁在一棵樹上。一切就緒以後，劉備抄起皮鞭就開始鞭打督郵，一連抽打了二百多下才停手。

督郵不明所以地被人從床上抓出來，又是二話不說就開始鞭打，此時的督郵哪裡還有心思弄清來龍去脈，眼見劉備一鞭子一鞭子抽過來，督郵的嘴裡都是求饒的話。

過了很久，劉備打也打累了，漸漸恢復點理智，看到遍體鱗傷的督郵此時已經是奄奄一息，這才放了督郵，畢竟犯法的事不能做。

倒楣的督郵檢查工作還沒能完成，就被劉備打了個遍體鱗傷。然而劉備呢，在這次事情以後，好不容易弄來的小官職也就沒了。

此後的劉備又開始進入新一輪的待業期，而真正等待著劉備的大業也即將到來。

小提示

羅貫中的《三國演義》經過渲染和嫁接，將鞭打督郵這件事扣在張飛身上。故事中劉備做了縣令，當督郵來視察的時候，因為劉備沒給督郵好處，引得督郵不滿，在市政廳內大罵劉備，且聲稱要回去告訴上層說劉備做了壞事。恰好被張飛聽到了，便把督郵綁起來鞭打一通，最後劉備也因此棄官離開。

國家圖書館出版品預行編目資料

微歷史／江輝著.
－－第一版－－臺北市：宇河文化 出版；
紅螞蟻圖書發行，2017.09
面 ； 公分－－(Discover；43)
ISBN 978-986-456-296-1（平裝）

1.三國史 2.通俗作品

622.3   106014634

Discover 43

微歷史

作　　者／江輝
發 行 人／賴秀珍
總 編 輯／何南輝
責任編輯／韓顯赫
校　　對／胡慧文、謝容之
美術構成／上承文化
出　　版／宇河文化出版有限公司
發　　行／紅螞蟻圖書有限公司
地　　址／台北市內湖區舊宗路二段121巷19號(紅螞蟻資訊大樓)
網　　站／www.e-redant.com
郵撥帳號／1604621-1　紅螞蟻圖書有限公司
電　　話／(02)2795-3656（代表號）
傳　　真／(02)2795-4100
登 記 證／局版北市業字第1446號
法律顧問／許晏賓律師
印 刷 廠／卡樂彩色製版印刷有限公司
出版日期／2017年9月　第一版第一刷

定價 300 元　　港幣 100 元

ISBN　978-986-456-296-1　　　　　　Printed in Taiwan